DIESES BUCH GEHÖRT

_____

VERA v. GRIMM

WAS DER BERGWIND ERZÄHLT

AUSGEWÄHLTE MÄRCHEN

STEIGER VERLAG

Mit Scherenschnitten illustriert
von Inge Fleckseder

Auflage 1982

© by Steiger Verlags Gesellschaft mbH
A-6021 Innsbruck, Postfach 425 · Alle Rechte vorbehalten
Gesamtherstellung: Druckerei Tyrolia, Innsbruck
Printed in Austria

ISBN 3-85423-010-9

WAS IN DEM BUCH ZU LESEN IST

	Seite
DISTELFLÄUMCHEN – was ein Pflänzchen alles zwischen Herbst und Frühling erlebt	7
MURMELHOCHZEIT – zu Gast bei einem bunten Fest in der Bergwelt	15
VERLOBUNG IM WETTERWINKEL – wie sich der Südwind und das zarte Wolkenfräulein verloben	23
WICHTEL-FASTNACHT – wie drei kleine Wichtel einen griesgrämigen alten König dazu bringen, daß er ein Fest veranstaltet	28
EDELWEISS – der Bergwind erzählt, wie die schönste Alpenblume entstanden ist	40
BRAUNÖHRLS ABENTEUER – über diese Geschichte wird hier nichts verraten	47
WER WEISS? – die schöne Akelei! Ist sie eine Menschenfrau oder die Nixenkönigin?	59

Distelfläumchen

Das große Ährenfeld war gegen den Weg zu durch einen alten Zaun geschützt. Berberitzenstauden standen den Zaun entlang, und da und dort lagen ein paar große Steine, die von Bauern im Laufe der Jahre aus dem Feld herausgeworfen wurden. Das war nun alles in allem ein richtiges Paradies für unsere Distelmutter. Sie war eine hübsche, stattliche Dame in den besten Jahren, nicht zu fett und nicht zu mager, mit glänzenden, stacheligen Blättern und kardinalroten Blüten und wußte ihr angenehmes Leben zu schätzen wie keine zweite.

Sie hatte aber auch den schönsten Platz von allen ihren Mitschwestern. Ihr Rücken schmiegte sich an den guten alten Zaun, und gegen die westlichen Regengüsse war sie durch einen großen Stein geschützt, der obendrein im Sonnenschein behagliche Wärme ausstrahlte.

Ein Sommer voll goldener Herrlichkeiten war still und schön über unsere Distel hinweggezogen. Wenn die Sonne ihre ersten Strahlen über die Bergspitzen blitzen ließ, schlug sie froh die Augen auf, bereit, einen neuen Tag zu erleben. Sie entfaltete sorgfältig ihre Blüten und breitete die sauber glänzenden, stachelbewehrten Blätter aus.

Dann gab es allerlei Unterhaltungen. Schmetterlinge setzten sich zur Distel und erzählten ihr von den Blumen, die im Ährenfeld standen, schön und farbenbunt, duftend und zart. Ja, das müßte doch schon ein prächtiges Leben sein, meinte die Distel manchmal. Auf dem Zaun saßen gern die kleinen Vögel und schmetterten ihre Lieder, daß ihre Brust vor Freude zitterte. Zum Stein kam regelmäßig eine smaragdgrüne Eidechse mit klugen, schwarzen Augen.

Der Weg hatte erst recht seine Abwechslungen: Da gingen Füße vorbei, die meisten in groben Bauernstiefeln, manchmal — aber recht selten — auch feiner beschuhte. Es geschah auch, daß gerade diese über die Distel hinweg den Zaun überkletterten und nach einer Weile mit einem Arm voll todgeweihter Feldblumen auf den Weg zurückkamen.

Je öfter sie dies schon gesehen hatte, um so mehr wuchs in ihr die ruhige Sicherheit, daß ihr solches nicht geschehen konnte. Leises Rauschen der Ähren war um sie, und wenn der Wind wehte, vernahm sie auch die Botschaft des fernen Bergwaldes.

Eines Morgens hörte die Distel metallisches Klingen und feines, sausendes Zischen im Ährenfeld. Da kam ihr die Erinnerung, daß es schon oft so gewesen war und nun wieder die Zeit kam, wo die Ähren abgeschnitten und zusammengebunden wurden und damit auch die Zeit, wo ihre Kinder sich von ihr trennten.

Sie merkte es auch an vielen anderen Anzeichen: Die Winde wurden kälter und schärfer, die Zeit, wo sie in die Sonne blickte, schien ihr von Tag zu Tag kürzer bemessen. Sie selbst fühlte eine wohlige Müdigkeit in den Gliedern – eine seltsame Lust, die Blüten immer später und langsamer zu öffnen.

Die Distelmutter hatte viele, viele Kinder, die so zart und fein waren, daß niemand, der es nicht wußte, geglaubt hätte, daß diese silbernen, hauchzarten Federlein der stacheligen Distel Kinder sein konnten. Sie liebte sie alle, aber eines ganz besonders, und das hieß Fläumchen.

Eines Tages nun – die Distelmutter war schon sehr müde – kam ein mächtiger Sturm über die Berge. Er pfiff durch die Stoppeln, tanzte um die Hausecken und riß die Blätter aus den Baumkronen. Dabei war das recht lustig anzusehen, denn alles geschah im hellsten Sonnenschein, und der Himmel war so blau wie eine Kornblume im Sommer.

Die Distelmutter fühlte plötzlich einen ganz feinen, leichten Schmerz: – Da flogen ihre Kinder fort durch die klare Luft. Ja, eines nach dem anderen wurde durch den Wind von ihrer Brust losgerissen und in eine unbekannte Zukunft gewirbelt. Die Luft sah schon ganz silbrig aus von den vielen Distelkindern. Ein einziges klammerte sich noch an die Mutter, es war Fläumchen, ihr liebes Fläumchen. Aber es nützte ihm nichts, wie es sich auch zitternd sträubte – der Wind war übermächtig.

„Fläumchen" – flüsterte die Mutter müde –, da war Fläumchen schon auf und davon. Ein feines Rauschen war in der Luft, so leise, daß es kaum ein Menschenohr vernehmen konnte.

„Wohin? – Wohin? –" riefen die silbernen Stimmchen. Auch Fläumchen war unter ihnen, es wurde hoch emporgeschleudert, so hoch, daß es ihm den Atem nahm. Ich sterbe!, dachte es erschrocken, aber gerade in dem Augenblick kam es in eine stillere Gegend. Bald schwebte es in sanfter Ruhe, wie ein winziges Silberwölklein, im Äther. Da und dort sah es einen Bruder, eine Schwester, Base oder einen Vetter dahintreiben – allein oder aneinandergeklammert, ängstlich oder übermütig – aber alle auf der gleichen, unfreiwilligen, abenteuerlich schwindelnden Reise ins Unbekannte. Manche Fläumchen wurden zu Boden gedrückt und im Staub zertreten. Manche wagten den Flug über den großen See. Viele von diesen aber stürzten plötzlich ins Wasser und ertranken jämmerlich. Anderen blies der boshafte Wind große Pläne in den Kopf – die wollten hoch hinauf auf die steilen Berge. Aber entweder verfingen sie sich in den Zweigen der knorrigen Zirben oder sie brachen ihre zarten Körper an den harten, spitzigen Felsen. Die meisten von ihnen starben seufzend und unter Schmerzen.

Fläumchen jedoch segelte immer noch durch den weiten Himmel in einem wunderbaren, seligen Gefühl. Tief unter ihm lagen sauber abgeerntete Felder, saftiggrüne Weiden und putzige Häuser. Die Bäume sahen aus dieser Höhe wie zusammengedrückte Sträucher aus und hatten ihre Schatten als schräge dunkle Striche neben sich. Geheimnisvoll grün und klar glänzte fern der große See.

Fläumchen fühlte nun, wie sein seliger Flug, der einzige seines Lebens, sich zur Erde lenkte.

Noch einmal trank es die Weite und Helligkeit des Sonnenherbstes in sich hinein.

Nun wurden die Bäume unheimlich groß – aber auch schon die Stoppeln – ein breiter Weg – ein Zaun – und nun fühlte Fläumchen Boden unter den Füßchen.

Ah! – Wie war das wohlig warm und viel behaglicher als die luftige Geschichte vorhin. Fläumchen war müde, sehr müde von den Anstrengungen des Tages. Es kuschelte sich in die braune, lockere Erde und schlief tief und fest ein. –

Es hatte keine Ahnung, wie lange es so geschlafen hatte. Eines Tages erwachte es von einem tiefen, gewaltigen Brausen und Rau-

schen im Schoße der alten Mutter Erde. Fläumchen, noch ziemlich verschlafen, spitzte die Ohren. Das Rauschen war manchmal leiser, dann aber wieder schwoll es mächtig an. Da merkte Fläumchen, daß es ein Lied war, ein Lied von unzähligen Stimmen gesungen.
Die Gewässer sangen, die großen Baumwurzeln, aber auch die Krokusknöllchen und Veilchenwurzeln und Milliarden von Gräserwürzelchen. Es sangen auch die Mäuse, Grillen, Regenwürmer und Engerlinge.
Das Lied klang ungefähr so:

> *„Unsere Erde,*
> *unsere Sehnsucht,*
> *Sehnsucht nach Licht.*
> *Wir recken unsere Ärmchen –*
> *wir strecken unsere Füßchen.*
> *Wir wollen im Winde schaukeln*
> *und Tau trinken.*
> *Durch Gräser und Halme wollen wir schlüpfen,*
> *im Sonnenlichte blitzen und sprühn –*
> *über glatte Steine tanzen und hüpfen –*
> *in allen Farben glühn.*
> *Unsere Sehnsucht,*
> *Sehnsucht nach Licht!"*

Das Seltsame war, daß jeder der zahllosen Sänger gerade das heraushörte, was für ihn am besten paßte. Fläumchen gefiel am besten, daß es im Winde schaukeln und Tau trinken würde. Es war nun ganz wach geworden und blickte voll Spannung um sich. Dunkelheit war ringsum, aber da und dort tanzten schwache, dunkelgoldige Lichter, die von oben durchdrangen. Von nah und fern aber brauste das Lied, und Fläumchen fügte seine schwache Stimme dem gewaltigen Chor ein:

> *„– – Wir recken unsere Ärmchen,*
> *strecken unsere Füßchen.*
> *Wir wollen im Winde schaukeln*
> *und Tau trinken."*

Und alle Stimmen fanden sich immer wieder zusammen in dem stets wiederkehrenden Satz:

*„Unsere Sehnsucht –
Sehnsucht nach Licht!"*

Fläumchen reckte und streckte sich, und neben, über und unter ihm rührte sich's und sproß. Immer häufiger wurden die goldigen Lichter, die ganze Umgebung wurde heller, durchscheinender! Und eines Tages machte Fläumchen – schon längst kein Fläumchen mehr – eine Kraftanstrengung und durchstieß mit feiner grüner Blattspitze die Decke der Mutter Erde.
Ein blauer Himmel lachte es an, und gerade über ihm sang jubelnd ein kleiner Vogel. Fläumchen atmete tief und glücklich. Mit den Füßchen in der mütterlichen Erde fest verankert, mit der Nasenspitze in der bunten Welt – das schien ihm ein prächtiges und lebenswertes Dasein. Und was das Wichtigste war: Der erste Schritt war getan, auch einmal eine stattliche, hübsche Distelmutter zu werden.

Murmelhochzeit

Die Sonne rieb sich verwundert die Augen. War sie noch nicht ganz ausgeschlafen? Träumte sie vielleicht noch? Was war denn heute in den sonst so stillen Hochmulden und Karen hoch über der Paßstraße los? Überall wimmelte es von geschäftigen, kleinen, braunen Gestalten.

Plötzlich lachte die Sonne. Wie hatte sie das nur vergessen können! Das kleine Murmelfräulein feierte heute Hochzeit.

Murmelhochzeit im Murmeltierparadies!

Die Sonne strich sich ihre goldenen Haare aus dem Gesicht, und dann lachte sie noch einmal, lachte so froh und freundlich, daß der kleine Bergsee und die vielen Tümpel ringsum goldig glänzten. Dann leuchtete sie mit ihren tausend warmen Lichtern jedes Winkelchen des Berges ab, bis in den entferntesten Karzipfel.

Allerlei konnte sie da sehen.

Hoch oben am Joch machte sich der Bräutigam auf den Weg, hinab zu Murmelchens Heimat. Er sah gar stattlich aus, mit einem Sträußchen Bergveilchen auf dem Hut und seinen Brüdern im Gefolge.

Nun kamen von allen Seiten Murmel herbei, junge und alte, Männlein und Murmelweiblein. Fast der ganze Berg war eingeladen, und wer nicht eingeladen war, der ging einfach mit, bloß aus Neugier, zum Schauen und zum Schwätzen.

Murmelchens Mutter hatte alles aufs prächtigste hergerichtet. Vor ihrer Wohnung standen dicke Rasenpolster, auf denen sich die Gäste zwanglos niederlassen konnten. Als der Bräutigam herankam, begrüßten ihn die Eltern und nötigten ihn zum Sitzen. Aber er blieb stehen, er konnte es gar nicht erwarten, sein heißgeliebtes Murmelchen zu sehen. Da trat sie schon aus dem Bau.

Die Sonne lachte. Wie reizend sah die Murmelbraut aus, mit einem Strauß Maiglöckchen im linken Pfötchen.

Alle waren begeistert. Ein so hübsches Paar war schon lange nicht mehr getraut worden.

Nun wanderten sie alle zum See: Voran Murmelvater und Murmelmutter, dann das Brautpaar, hinterdrein die zahlreichen Verwandten

und Bekannten. Wie fein sie alle aussahen in ihren dicken, braunen Pelzen!
Die Sonne lachte und stieg höher und höher.
„Mein Murmele, mein lieb's!" flüsterte der Bräutigam. Das war alles, was er zu sagen wußte, es war nicht viel, aber es war so ehrlich gemeint, und darum war es auch nicht wenig.
Bis die Gesellschaft zum See kam, war sie freilich schon ein bißchen gemischt. Da war der Schneehase vom Kar noch herbeigesprungen, um zu sehen, was los sei. Die zwei neugierigen Steinhühner hatten sich's auch nicht nehmen lassen, zum See herabzufliegen, obwohl sie hier herunten gar nichts zu suchen hatten. An die zwanzig lustige Mäuslein spazierten mit, gesittet trugen sie die Schwänzchen über dem Arm, man konnte sie nicht wegschicken. Die Jochdohlen krei-

sten ununterbrochen über dem Hochzeitszug und schrien in einem fort: „Johü, johü! Hochzeit ist heute früh! Johü! Johü!"
Nun waren sie am See. Blaugrau lag er eingebettet im herrlichsten Teppich, den man sich denken kann: Da blühten üppig die gelben Dolden des Platenigl, auf schlanken Stengeln wiegten sich die goldbraunen Kelche des Frauenschuh. Dunkellila lugten die Bergveilchen aus dem Grase hervor, und zwischen saftgrünen Kräutern leuchteten die Sterne des Vergißmeinnicht so blau wie der Himmel.
Die Festgesellschaft stellte sich am See auf, gegenüber einer kleinen Grotte aus Fels und Moos, in der der weise Froschkönig wohnte. Da saß er schon grün und prächtig, und seine runden, gelben Augen blickten freundlich auf das Brautpaar.
„Quak – quak – ich habe eine Überraschung für euch", sagte er. Und laut und majestätisch quakte er noch einmal über das Wasser hin. Da mußte die Sonne lachen wie noch nie.
Vom Nachbartümpel kam ein Zug herbei, wie sie ihn noch nie gesehen hatte. Kleine Salamander mit feuerroten Bäuchlein schlängelten sich durchs Gras. Und was funkelte in ihrer Mitte? Ein blitzend glatter, goldener Ehering!

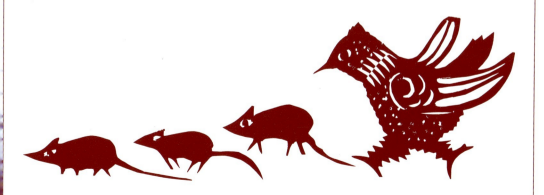

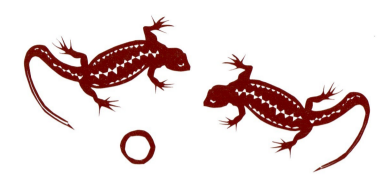

Der weise Froschkönig hatte ihn ausgekundschaftet, er lag schon die längste Zeit im Tümpel. Niemand konnte es sich erklären, wie er da hineingekommen war, vielleicht wußten es die Salamander, aber die sagten es nicht.
Ihr könnt euch gar nicht denken, was für ein Aufsehen der Ring hervorrief. Murmelchen wäre sicher errötet, wenn sie nicht schon so schön braun gewesen wäre. Die Mutter schlug die Pfoten über dem Kopf zusammen, die Schneehühner schlugen mit den Flügeln vor Aufregung, und die Murmelvettern und -basen pfiffen vor Begeisterung. Der Froschkönig wurde ganz dick vor Stolz.
,,Nur kein unnötiges Geschrei", quakte er gemessen. ,,Ich will jetzt also die Trauung vornehmen."
Und er begab sich auf einen Stein und traute sie.
Dann hatten alle genug von der Feierlichkeit. Der Frosch sprang wieder ins Wasser, die Salamander kehrten in ihren warmen Tümpel zurück, wo sie eifrig mit ihren kleinen Ärmchen herumruderten und von der schönen Hochzeit erzählten.
Alle anderen aber stiegen zum Bau der Murmeleltern hinauf.
Die Sonne freute sich goldig.
Ah, erst jetzt wurde es behaglich. An alles hatte die treffliche Schwiegermutter gedacht: Die Mäuschen vom großen Hotel drunten am Paß hatten die feinsten Leckerbissen heraufgeschleppt, natürlich gegen

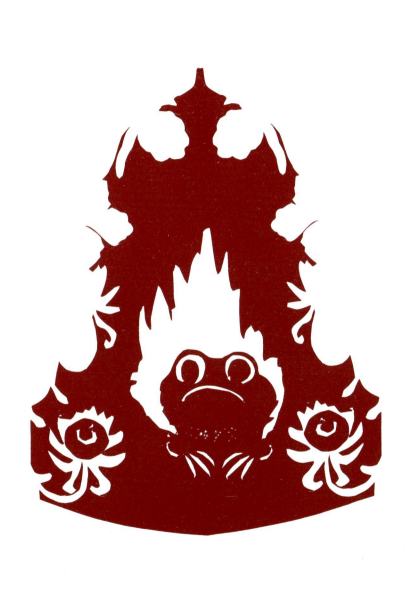

Barzahlung, man wollte nichts geschenkt bekommen, aber eine Gefälligkeit war es doch. Nun gab es Rübchen, Artischocken, feinen Salat und sogar Extrawurst und Salami für die Dohlen. Die saßen nun auf allen Steinen, und wenn sie einen Leckerbissen erspähten, flogen sie drauf zu und riefen: „Johü, johü! Es lohnt die Müh'! Johü, johü!" Alle waren zufrieden und glücklich, und wem es zu heiß wurde, der machte sich's in einem der weichen Schneepolster bequem, die da und dort noch herumlagen.

Es war schon spät am Tag, als das junge Ehepaar nach seinem neuen Heim oben auf dem Joch aufbrach. Sie gingen allein, die Gesellschaft blieb noch zurück bei fröhlichem Geplauder und Schmausen. Sie winkten mit den Pfötchen, die Mäuse mit den Schwänzchen, die Schneehühner mit den Flügeln, und die Dohlen riefen übermütig: „Johü, johü! Bis morgen früh! Johü, johü!"
Das junge Murmelpaar wanderte einträchtig höher und immer höher. Dort, wo das Hochkar begann, stellte es sich auf einen Felsen und pfiff zum Abschied in die Mulde hinab.

Die Sonne lachte ihnen noch einmal zu, es war das letzte Mal für heute, dann verschwand sie nach ewigem Gesetz hinter den westlichen Bergspitzen. Vom Tal herauf kam die Dämmerung. Da waren sie aber auch schon bei ihrem Bau. Nun wollte sich auch noch der Mond die lustige Hochzeitsgesellschaft ansehen – wie sie sich gütlich taten. Die Mäuschen führten sogar einen Tanz auf, aber dann mußten sie zurück – in ihr Hotel. So wurde es überall wieder still, in der Mulde und hoch oben auf dem Joch. Auch die Vögel steckten ihre Köpfchen unter die Flügel und schliefen ein. Nun wanderte der Mond den gleichen Weg, den vorher die Sonne gewandert war. Er aber konnte nichts mehr sehen, denn alle schliefen – nun, eben wie die Murmeltiere!

Die Verlobung im Wetterwinkel

Sie war das entzückendste Wolkenfräulein, das je über einen Grat gesegelt ist. Wie Schwanenflaum so weiß, mit goldenen und purpurnen Säumchen. Und bis über ihre weißen Ohren war sie in den Südwind verliebt. Ach, er wußte so wundervolle Geschichten zu erzählen: von bebenden Palmen, von dunkelhäutigen Menschen, von seltsamen Bauten in flimmerndem Wüstensand. Das Wölkchen war sehr romantisch. Und bei ihr stand es fest: Den Südwind wollte sie heiraten und sonst niemanden!
„Er ist ein Prahlhans", sagte die Mutter, eine dicke Kumuluswolke. „Ich bin dagegen."
„Er ist treulos", zischelten die Federwolken, spröde, dünne alte Damen, die Tanten des Wölkchens.
Das Wolkenfräulein aber ließ sich von all diesen Reden nicht beeindrucken. Abend für Abend hörte es zu, wenn der Südwind seine wundervollen, glühenden Geschichten erzählte. Und immer bleicher wurde es, immer zarter.
„Das Kind schwindet dahin", sagte die Mutter. „Ich kann das nicht mit ansehen. Sie soll ihn haben, wenn ich mir auch einen anderen Schwiegersohn gewünscht hätte."
So kam es doch zur Verlobung, und tags darauf sollte die Hochzeit sein. Das Fest wurde im Hause der Frau von Wolkenbruch geborene Regentropf, im Westen in der Villa Wetterwinkel gefeiert. Dort war es geräumig und luftig, wie es bei einer Wolken- und Windverlobung sein muß. Außerdem führte Frau von Wolkenbruch ein stattliches Haus, bei ihr verkehrte alles, was Rang und Namen hatte. Sie war die Taufpatin der Braut und hatte ihren Ehrgeiz, eine würdige Feier zu veranstalten.
Der Nordwind kam über das Gebirge gestiegen, der Ostwind von der Pußta, der Westwind vom Ozean. Daß der Bräutigam zur Stelle war, ist selbstverständlich. Die Tanten erschienen alle weiß gekleidet. Die

alten Onkels, behäbige graue Regenwolken, saßen in bequemen Armsesseln und rauchten ihre Zigarren.

„Im Wetterwinkel braut sich etwas zusammen", sagten die Menschen drunten auf der Erde. Sie konnten ja nicht wissen, daß es eine Verlobung war.

Der Nordwind spielte mit seinem Bruder, dem Ostwind, auf der großen Luftorgel, es war ein prachtvolles Konzert. Dann empfahl er sich aber.

„Leb wohl, kleine Schwägerin", sagte er, „ich muß gehen, bin in Grönland unabkömmlich. Hab' aber noch eine Überraschung für dich heute abend! Leb wohl, Bruder Südwind, gratuliere zu deiner Wahl." Und er brauste davon.

Jetzt wurde es erst richtig gemütlich. Frau von Wolkenbruch veranstaltete sogar einen Ball, bei dem vor allem der Westwind das große Wort führte. Er hatte so feine Manieren.

Nur der Südwind blieb still.

„Was hast du, Liebster?" flüsterte ihm das Wölkchen zu. „Warum sprichst du heute nicht? Ich sehne mich nach einer Geschichte von dir."

„Ach, Wölkchen", seufzte er, „wie ist mir eng! Wie quält es mich, mit Frau von Wolkenbruch zu schwätzen und – nichts für ungut – dei-

nen alten Tanten den Hof zu machen. Ich wollt', ich wär' in Afrika!" So war er eben, er konnte keine Förmlichkeiten vertragen.
Als es dunkelte, saßen sie alle müde getanzt im Salon. Die Mutter sprach mit Frau von Wolkenbruch über die Ausstattung der Braut, die jungen Mädchen horchten neugierig zu, und man munkelte sogar von einer neuen Verlobung: die jüngste Schwester und der Westwind. Na, man würde ja sehen.
Plötzlich erhob sich der Südwind, um davonzustreichen.
„Wohin gehen Sie, mein Lieber?" fragte die Mutter argwöhnisch.
„Ach, gnädige Frau, ich möchte nur ein paarmal um das Haus herumsäuseln", sagte er höflich. „Ich bin Bewegung vor dem Schlafengehen gewohnt." Und fort war er.
„Paßt auf, der kommt nicht wieder", sagte Frau von Wolkenbruch. „Ich kenne das. Die Nichte meiner Freundin war lange mit dem Süd-Südost, einem entfernten Vetter des Südwindes, befreundet. Die Verlobung wurde angesagt, es war ein reizendes Fest, gerade wie heute, und als es dunkel wurde, was meint ihr, was geschah? Der Süd-Südost stand auf, gerade wie jetzt dein Bräutigam, Wölkchen, unter irgendeinem nichtigen Vorwand – er verduftete durch ein Bogenfenster und ward nicht mehr gesehen. Ich sage euch, Wind bleibt Wind, das ist das unverläßlichste Zeug auf der Welt."
Ein schweres Schweigen entstand. Die Brüder Nord- und Westwind blickten einander unbehaglich an und wetzten auf ihren Sesseln; am liebsten wären sie jetzt ihrem Bruder gefolgt. Schließlich blickten alle auf das arme Wölkchen, das doch gar nichts dafür konnte und über und über errötete.
„Ich geh' ihn holen", sagte es leise und schwebte davon.
„Sie hat keinen Stolz", zischelten die Tanten. „Wir wären ihm nicht nachgelaufen."
Frierend stand das kleine Wölkchen vor dem großen Haus. Da legte sich ein warmer, starker Arm um seine Schultern. Es war der Südwind.
„Wölkchen, kleines Wölkchen", flüsterte er, „komm mit mir! Ich halte es da drinnen nicht mehr aus. Ich bin einmal nicht für Gesellschaften und Ruhigsitzen."
„Aber die anderen –", flüsterte das Wölkchen ängstlich zurück.

„Laß sie! Komm, wir fliegen in meine Heimat."
Er nahm das kleine Ding in seine Arme. Da spürte sie den süßen, herrlichen Hauch des Südens. Eine Sehnsucht, die sie nie zuvor gekannt, erfüllte sie so voll und ganz, daß sie alles vergaß. Sie bemerkte es fast gar nicht, daß sie sich schon weit vom Hause entfernt hatten.
Da begann der Himmel im Norden rot aufzuflammen. Immer tiefer, immer feuriger wurde das märchenhafte Licht. Grellgrüne und blendendhelle Lichtbüschel zuckten darüber hin.
„Oh, sieh, das herrliche Licht!" jauchzte das Wölkchen, das sich gerade umgesehen hatte.
„Ein Nordlicht! Das ist die Überraschung, die mein Bruder versprochen hat. Er ist ein guter Kerl. Aber jetzt komm! Tausendmal schöner als die kalte Pracht dieses Lichtes ist der Glanz der Sonne am Abend über der Oase."
Und das Wolkenkind sah sich nicht mehr um, sondern flog mit.
Auch die Hochzeitsgesellschaft hatte das Nordlicht entdeckt. Jetzt standen sie alle auf und gingen vor das Haus hinaus. Da sahen sie zwar das Nordlicht, aber auch, daß das Brautpaar verschwunden war.
„Mein Kind! Es wurde entführt!" rief die Mutter.
„Eine Verlobung ist bei uns so gut wie eine Hochzeit", tröstete die Patin.
„Lump bleibt Lump", sagte die Tante. „Mir wäre das nicht passiert."
Auch auf der Erde herrschte große Aufregung. Funksprüche gingen von Ort zu Ort, von Sternwarte zu Sternwarte. Ein Nordlicht in dieser Gegend! Manche Leute sprachen von kommendem Krieg und unheimlichen Ereignissen, andere wieder von Sonnenflecken. Es wußte natürlich niemand, daß das große Feuerwerk zu Ehren eines kleinen Wölkchens stattfand.
„Wenigstens ist der Südwind jetzt fort", sagten die Leute im Talkessel. „Er war schon zu lästig."
Die Hochzeitsgesellschaft vor der Villa Wetterwinkel redete noch immer durcheinander, indem sie jedoch wie gebannt auf das herrliche Schauspiel im Norden blickte.
Die Mutter aber war still geworden. Ein sanfter Windhauch hatte ihr Gesicht gegen Süden gewandt.

Der Nachthimmel war dunkelklar. Still schwamm die Mondscheibe in der weichen Luft. Und in seinem Lichte sah sie fern ihr Kind dahintreiben. Da erinnerte sie sich ihrer eigenen Jugend.
Sie weinte ein paar große Tränen und wandte doch keinen Blick von dem weißen, feinen Hauch, bis er im Silberdunst des Mondlichtes verschwand. –

Wichtel-Fastnacht

Westlich einer schönen Alpenstadt erhebt sich ein mächtiger Bergstock, der Schneekogel. Unterhalb des Gipfels breitet sich eine weite Almwiese mit saftigem Gras und blühenden Alpenrosenstauden. Von diesem Berg und dieser Alm will ich dir jetzt erzählen.
Im Innern des Schneekogels haust schon seit vielen tausend Jahren ein emsiges Zwergenvolk. Man kann sich gar nichts Geordneteres vorstellen als solch einen Zwergenstaat. Nur drei Wichtel bildeten eine Ausnahme: Wurzel, Purzel und Schnauzel. Die waren nämlich die Jüngsten, und deshalb hatten alle sie gern, vom Bergkönig angefangen bis zu den Steinzwergen und Blumenwichteln. Man rief sie nur, wenn man sie brauchte, sonst konnten sie sich ganz nach ihrem Belieben herumtreiben. Sie durften sich auch manchen Spaß erlauben, obwohl der Bergkönig gar keinen Sinn für Fröhlichkeit hatte. Er war ein griesgrämiger, uralter Zwerg und lachte höchstens alle eineinhalb Jahre einmal. Das war dann ein derartig unerhörtes Ereignis, daß die Wichtelzeitung eine Sondernummer erscheinen ließ mit der Aufschrift: Der König hat gelacht! Aus dieser Beschreibung kann man leicht entnehmen, daß es im Berg keine Feste gab, und gerade das hätten die drei jüngsten Zwerglein einmal so gerne erlebt.
Heute saßen sie alle drei beisammen und hielten eifrig Rat. Sie hatten das langweilige Leben satt. Eine richtige Fastnacht wollten sie einmal haben, das war es. Sie hatten den König bescheiden darum gebeten, aber der hatte ihre Bitte rundweg abgeschlagen.
,,Wenn es der Alte nicht erlaubt, dann machen wir es eben heimlich", sagte Schnauzel. Er war der Frechste.
,,Aber wie?" – – –, meinte Purzel bedenklich. ,,Der Alte ist imstande und macht ein Erdbeben, wenn er draufkommt."
Alle blickten erwartungsvoll auf Wurzel; denn er hatte meistens die besten Einfälle.
,,Ich hab's!" sagte Wurzel endlich. ,,Wir machen das Fest auf der Alm."
,,Da kann uns aber der Krimpaunzel erwischen", wandte Purzel ein. Krımpaunzel war ein strenger Zwerg, dem besonders die Aufsicht

über die Alm anvertraut war. Er durfte freilich kein Festgelage entdecken, denn er haßte jede Art von Fröhlichkeit und Leichtsinn.
,,Und wenn die Kasermandln aufwachen, was dann?" seufzte Schnauzel.
Aber Wurzel zerstreute ihre Bedenken. Im Berg selbst konnten sie ihre Fastnacht auf keinen Fall feiern. Das war viel zu gefährlich. Und aus dem Bergbereich herauszugehen, das wäre einem richtigen Wichtel gar nicht eingefallen.
,,Der Krimpaunzel wird nicht ausgerechnet heute abend kommen", sagte er.
,,Und was die Kasermandln betrifft, so schlafen sie den ganzen Winter über fester als die Murmeltiere."
Schließlich erklärten sich die beiden anderen einverstanden.
,,Also gut", sagte Wurzel. ,,Wir wollen uns alles schön einteilen, damit das Fest auch klappt. Ich verschaffe euch Punsch. Du, Purzel, gehst ins Oberdorf und besorgst Lebkuchen, und du, Schnauzel,

machst dich auf die Beine und ladest die Schnee-Elfen vom Finstertal ein."

„Ach, gerade ich soll ins Finstertal zu den kalten Gespenstern gehen!" schmollte Schnauzel.

Aber Purzel schrie: „Doch, gerade du mußt gehen! Ohne Damen ist es kein rechtes Fest." Er war nämlich bis über seine Zipfelkappe in die schöne Weißflocke verliebt und ließ keine Gelegenheit vorübergehen, um sie zu sehen.

So hatte jeder seine Arbeit: Wurzel trieb sich auf geheimen Pfaden umher, um den Wein und alle nötigen Zutaten zum Punsch zu bekommen. Purzel lief sich die Beinchen ab, um recht schöne, weiche Lebkuchen für seine geliebte Weißflocke zu finden.

Nur der schlimme Schnauzel dachte nicht daran, sich anzustrengen. Er legte sich an eine Öffnung des Berges, blickte fröhlich in die Welt hinaus und lockte mit seinem Pfeifen ein Schneehuhn herbei.

„Du reizendes Schneehuhn", sagte er zärtlich, „du könntest mir einen großen Gefallen erweisen."

Das Schneehuhn legte den Kopf schief und schwieg.

Jetzt fing es der schlaue Schnauzel anders an.

Er nahm seine Kappe ab, verneigte sich und sagte höflich: „Königin der Vögel, möchtest du nicht, nachdem es dir sowieso nichts ausmacht, ins Finstertal fliegen und den drei Schnee-Elfen eine Botschaft bringen?"

Nun endlich öffnete das Schneehuhn den Schnabel. Es war sehr eitel, und wenn es mit „Königin der Vögel" angesprochen wurde, konnte es nicht recht widerstehen. Es hatte aber mit Schnauzel noch etwas abzurechnen.

„Was hast du denn da in der Hand?" schnarrte es.

„Ei, meine Wichtelkappe", sagte Schnauzel.

„Und was steckt auf dieser Kappe?"

„Ach, eine Feder, ein Federlein", sagte Schnauzel so unschuldig wie möglich, aber er wurde über und über rot dabei. Denn nun erst erkannte er, daß das gleiche Schneehuhn vor ihm saß, dem er vor drei Tagen die Schwanzfeder ausgerissen hatte, um seine Kappe zu schmücken.

„Ich sehe, du erkennst mich", schnarrte das kluge Huhn.

„Wie sollte ich nicht", antwortete Schnauzel. „Du bist ja das schönste Schneehuhn weit und breit, ich bewundere dich, deshalb habe ich mir auch die Feder als Andenken genommen."
Das hörte das Schneehuhn wieder gerne.
„So gib her, was du hast", schnarrte es gnädig, „ich werde es den Elfen bringen."
Der Zwerg zog aus seiner Westentasche ein Glimmerplättchen, auf dem die Einladung eingeritzt war. Der Vogel las:

> „Wurzel und Purzel, die Wichtel klein,
> und Schnauzel, das Zwerglein, sie laden Euch ein
> zu Fastnachtsspiel und Elfenreih'n
> am Schneekogel heute im Almhüttlein."

Das Schneehuhn nahm das Plättchen in den Schnabel und flog, ohne noch ein Wort zu verlieren, davon. Es traf auch die Elfen zu Hause an, gab aber das Glimmerplättchen nicht ab, sondern richtete die Botschaft mündlich aus. Mit dem Plättchen aber flog es zur Alm zurück. Dort trat gerade der strenge, mißmutige Krimpaunzel vor die Hüttentür. Er hatte eben die Alm inspiziert. Diesem ließ nun das Huhn das Plättchen vor die Füße fallen. Das war die Rache für die Schwanzfeder.

Krimpaunzel las die Botschaft. Natürlich wieder die drei Nichtstuer, dachte er erbost. Aber wartet! Euch werde ich die Fastnachtswitze schon versalzen!

Wurzel und Purzel fanden ihren Freund nach langem Suchen in der Lawinenhöhle, wo er nichts Gescheiteres zu tun hatte, als einen Schneemann zu bauen.

„Was haben die Elfen gesagt?" war Purzels erste Frage. „Wie geht es ihnen?" „Sie haben sich gerade frisiert", log Schnauzel frech drauflos, „da wurde ich nicht hineingelassen. Aber sie kommen ganz bestimmt", setzte er schnell hinzu.

Als sich die Sonne zur Neige senkte, galt es für die drei Zwerglein, unbemerkt zur Alm zu gelangen. Es führte nur ein einziger Schacht vom Berginnern geradewegs zur Almhütte. Dieser Schacht aber ging vom Thronsaal des Bergkönigs aus. Und von dort unbemerkt zu entwischen, das war keine leichte Sache. Aber Schnauzel hatte sich schon eine List ausgedacht. Er ging mit einer tiefen Verneigung zum König und sagte: „Gewaltiger! Zwerg Lichtblitz hat deine Schatzkammer wundervoll hergerichtet. Möchtest du sie dir nicht einmal ansehen?"

Nun gab es keinen Ort im ganzen Berg, wo der König lieber weilte als in der Schatzkammer. Stundenlang konnte er sich am Glitzern und Funkeln der Edelsteine ergötzen. Er erhob sich vom Throne und stieß mit seinem Stock zwölfmal auf die Erde. Auf dieses Zeichen sprangen zwölf Wichtel herbei und ergriffen die Schleppe seines Königsmantels.

Langsam und feierlich, wie es seit Jahrtausenden Zwergenkönigs Brauch ist, setzte sich der Zug in Bewegung. Kaum war der Schleppenzipfel bei der Tür draußen, als die Zwerglein auch schon blitzschnell im Schacht, der zur Alm führte, verschwanden. Emsig kletterten sie auf der steilen Leiter empor. Keiner sprach ein Wort, aus Angst, entdeckt zu werden. Endlich stieß Wurzels Kopf an einer Holzplatte an, und im nächsten Augenblick tauchte er über dem Boden der Almhütte auf. Vergnügt stemmte er sich aus der Luke und half dann seinen Kameraden. Und nun reichten sie sich die Händchen und führten einen Freudentanz auf.

„Hinaus da!" tönte plötzlich eine tiefe Stimme vom Heuboden herunter. Die Zwerglein wurden bleich vor Schreck. Sie blickten scheu hinauf und brachen dann in helles Gelächter aus. Da oben schliefen nämlich die Kasermandln, und eines von ihnen hatte im Schlaf aufgeredet. Nachdem sie sich wieder beruhigt hatten, richteten sie alles her. Schnauzel hatte schon vormittags die schönsten Kristallgläser in der Salztruhe versteckt. Purzel hatte sich eben zum Rande der Truhe hinaufgeturnt, als Krimpaunzels Stimme ertönte: „Wurzel! Purzel! Wo bleibt ihr! Die Sonne geht unter, schnell das Alpenglühen."

„Die Glüherei habe ich auch schon dick", schimpfte Wurzel. Dann lief er mit Purzel in den Feuerturm. Das ist ein mächtiger Turm, der bis zum Gipfel des Berges reicht. Gewaltige Kristallröhren durchziehen ihn. In der Mitte steht ein wuchtiger Blasbalg. Auf diesen stellten sich jetzt die beiden Zwerglein und bearbeiteten ihn, daß ihnen der Schweiß von den Stirnen troff.

Da begann langsam die Glut aus dem Erdinnern in die Kristallröhren emporzusteigen. Immer schneller kreiste der feurige Strom und immer tiefer glühte draußen der Berg. „Seht das herrliche Alpenglühen", sagten die Leute im Tal. Endlich war es genug. Die Zwerge sprangen vom Blasebalg und öffneten die riesigen Erzklappen. Zischend zog sich die Glut wieder zurück.

Dann liefen sie, so schnell sie konnten, wieder zur Alm hinauf. Dort hatte der Lebenskünstler Schnauzel die Elfen bereits empfangen. Wurzel und Purzel machten sich's jetzt auch bequem, und bald saßen sie alle sechs um den märchenhaft leuchtenden Rubin, den sie leihweise aus der Schatzkammer mitgenommen hatten, freilich ohne Zwerg Lichtblitz zu fragen. Purzel schenkte kalten Punsch ein, denn warmen konnten die Schnee-Elfen nicht vertragen.

Da, was war das? Da rief ja schon wieder Krimpaunzel.

„Schnauzel!"

Der rührte sich nicht.

„Schnauzel! Du mußt den Blumenwichteln Samen sortieren helfen."

„Ha, ich denke gar nicht daran", sagte der Betroffene. „Ob im Sommer die Kühe den ganzen Arnika fressen oder ob wir genug

Enzian haben, das ist mir gleich, und dem Krimpaunzel kann's erst recht Wurst sein."

Plötzlich öffnete sich die Falltür. Die Elfen waren gut erzogen und fielen ohne weiteres in Ohnmacht. Den Zwerglein aber sträubten sich die Haare so, daß ihnen die Zipfelkappen vom Kopfe fielen. Der Almgeist selbst war in der Luke erschienen. Er blickte sie alle der Reihe nach wütend an und verschwand dann.

„Jetzt – jetzt sind wir verloren – ", stöhnte Wurzel, und es fiel ihm schwer aufs Herz, daß er es war, der die Alm zum Festplatz vorgeschlagen hatte.

Die Schnee-Elfen kamen langsam wieder zu sich. Krimpaunzels Blicke waren zu hitzig gewesen, das war nichts für sie. Wärme war ihnen widerwärtig.

Endlich hauchte Weißflocke: „Wer war das?"

„Ach, das war bloß der Krimpaunzel", sagte Purzel so frech wie möglich, obwohl er es nicht verhindern konnte, daß seine Zähne klapperten.

„Gar nichts Besonderes", fiel Schnauzel ein. „So eine Art Almhausmeister, der sich immer in Sachen mischt, die ihn nichts angehen."

„So seid doch endlich still", jammerte Wurzel. Er war der Verständigste von allen und konnte sich Krimpaunzels Zorn nur zu gut vorstellen.

„Ich bitte euch", flehte er, „wir müssen fort von der Alm. Krimpaunzel wird dem König alles erzählen, und ihr wißt, wie sehr der König Feste verabscheut. Wenn er gar entdeckt, daß wir den Rubin genommen haben . . ." Wurzel schlug die Händchen vors Gesicht.

„Na, wir sind doch keine Schulknaben mehr!" rief jetzt Purzel und nahm einen kräftigen Schluck aus dem Glas. Die schöne Weißflocke sollte nicht etwa im Finstertal erzählen, Zwerg Purzel habe sich gefürchtet.

„Er könnte eine Lawine ablassen und uns verschütten", sagte Wurzel.

„Das erlaubt der Alte nicht!" rief Schnauzel wieder. Plötzlich stieg ihm der Punsch zu Kopf. Er schlug sich auf die Knie, warf sein Mützchen mit der Schneehuhnfeder in die Luft und sang:

> *„Heißa, das Leben ist lustig und schön,*
> *heißa, wir woll'n uns im Tanze jetzt drehn.*
> *Was schert mich der dumme Krimpaunzel,*
> *ich bleibe der lustige Schnauzel – juhui!"*

Und er faßte Weißflocke um die schlanke Mitte, und so sehr sie sich auch sträubte – er wirbelte sie kräftig herum.
Das war für Krimpaunzel zuviel! Er hatte nämlich durch einen Spalt in der Luke alles gesehen und gehört. So schnell er konnte, sauste er durch den Schacht in den Thronsaal hinunter. Zitternd trat er vor den König. „Allmächtiger!" keuchte er. „Die drei jüngsten Wichtel betrügen dich! Sie haben auf der Alm ein Gastmahl mit den Schnee-Elfen. Schnauzel ist schon ganz betrunken. Sie spotten über dich und mich. Dich nennen sie fortwährend den ‚Alten' – und du bist doch erst zweitausendvierhundertundfünfundsechzig Jahre alt, in den besten Jahren. Aber das ist noch nicht alles. Aus der Schatzkammer haben sie deinen schönsten Rubin gestohlen. Der dient ihnen als Beleuchtung. Dein Rubin – eine Stallaterne! Oh! – Verschütte sie mit einer Lawine! Laß die Hütte einfallen! Laß sie erfrieren!"
Der König wurde vor Zorn noch blasser, als er sonst schon war. Aber er sagte ruhig: „Strafe die Wichtel wie du willst. Nur schone die Alm. Ihr darf nichts geschehen!"
„Diesen Taugenichtsen werde ich es zeigen!" rief Krimpaunzel zornschnaubend. Er lief zu den Wasserzwergen.
„Der König hat befohlen!" schrie er. Sofort sprangen die Zwerge von ihren Lagern auf.
„Ihr sollt die Alm unter Wasser setzen!" rief Krimpaunzel. „Von einer schneefreien Rinne einen Sturzbach ablassen, so mächtig ihr könnt! Die Feuerzwerge sollen die Erde erwärmen, damit aller Schnee schmilzt, und ihr, Wasserzwerge, laßt das Grundwasser unter der Alm aufsteigen."
Kopfschüttelnd, aber gehorsam führten die Zwerge diese Befehle aus. –
Inzwischen hatten sich die Schelme beruhigt, und auch die Elfen hatten das böse Gesicht Krimpaunzels beinahe vergessen. Fröhlich kreisten die Gläser.

Da toste es um die Hütte. Das war der Sturzbach! Die Wände zitterten, das Wasser brauste heran und drang bis an die Fugen der Hüttentür. Nun wurde auch der Boden weich und lehmig, und als sie nun hinaus ins Freie treten wollten, wurden sie von einem mächtigen Wasserstrahl empfangen. Sie mußten wieder in die Hütte zurück.
Der Boden, auf dem sie standen, wurde immer sumpfiger.
,,Au, meine Füße werden naß!" rief Weißflocke, und treulos flatterte sie zur Tür hinaus. Die beiden anderen Elfen saßen geknickt auf der Truhe.
Die armen Zwerglein, sie standen um die Luke herum. Da hinunter mußten sie, es half alles nichts. Und auch die Elfen mußten sie mitnehmen, denn es wurde zu warm und zu naß hier, da schmolzen sie dahin.
Also öffneten sie schweren Herzens die Luke, und ob sie wollten oder nicht, sie mußten in den Thronsaal hinab.
Da waren alle, alle versammelt und warteten auf die armen Sünder, die jetzt triefend vor Nässe und zitternd vor Angst vor den König treten mußten. Der schaute sie lange und durchdringend an.
Und wie er sie so stehen sah mit platschnassen Röckchen, schiefgerutschten Käppchen und angstvollen Augen, da wurde sein strenges Gesicht milder und milder. Und als nun sein Blick auf die schönen Elfen fiel, die sich ängstlich aneinanderklammerten, da fragte er plötzlich ganz freundlich: ,,Nun sagt einmal, wo ist denn eure dritte Freundin?"

„Die ist uns durchgegangen", rief Purzel erbost.
Da geschah etwas Unerhörtes! Der Berggreis lachte nämlich plötzlich einmal kurz auf. Es war nur ein Augenblick, aber alle hatten es gesehen.
„Der König hat gelacht!" rief Purzel und machte vor Freude etwas, was man seither nur mehr einen Purzelbaum nennt. Schnauzel und Wurzel strahlten vor Freude, und die Elfen umarmten sich glücklich. Nun fingen auch die anderen Zwerge zu lachen an, der ganze Thronsaal freute sich, und die Wände blitzten noch einmal so hell. Nur Krimpaunzel rollte die Augen, aber kein vernünftiges Zwerglein achtete auf ihn.
Da erhob der König das Zepter. Sofort war alles still.
„Jetzt erzähle einmal, Wurzel, wie euch das alles eingefallen ist", sagte der König.
„Ach, Herr König", sagte Wurzel bescheiden, „wir hätten so gerne einmal eine richtige Fastnacht gehabt."
„So, so", sagte der König nachdenklich. „So, so, so." Er blickte über den Thronsaal hinweg auf die vielen Zwerglein, die da standen und auf ein Wort aus seinem Munde warteten. Er wußte, wie emsig und fleißig sie arbeiteten, bei Tag und bei Nacht, unverdrossen, unermüdlich. Und nie, nie gab es ein fröhliches Fest im Schneekogel, während zum Beispiel die Zirmkofel-Zwerge in Saus und Braus lebten und schon längst elektrisches Licht und eine Seilbahn hatten.
„Hört, ihr Wichtel", begann der König würdevoll. „Ich bin euch ein strenger König, das weiß ich. Es ist nun bald eintausendfünfhundert Menschenjahre her, daß ich mein schweres Amt angetreten habe. Da ist es nicht mehr zu früh, daß wir einmal ein richtiges Fest feiern. Ich

ziehe mich jetzt in meine Nachdenkstube zurück. Morgen um fünf Uhr nachmittags werde ich den Thronsaal wieder betreten, und ihr, Wichtel, könnt bis dorthin ein Fest richten, ganz nach eurem Gefallen. Dich, Wurzel, dem ja am meisten an der Fastnacht gelegen ist, beauftrage ich mit den Vorbereitungen zum Feste. Und ihr, meine lieben Schnee-Elfen, fliegt hinein ins Finstertal und überbringt sämtlichen jungen Elfen meine Einladung zur Wichtel-Fastnacht im Schneekogel.
Als der König diese bedeutende Rede beendet hatte, brach tosender Jubel aus. Die Quellen sogar tanzten in ihren Steinbetten, und die Zwerge warfen ihre Käppchen in die Luft und schrien immer wieder: „Lang lebe unser König, er lebe hoch, hoch, hoch!" Und das riefen sie so lange, bis er in seiner Nachdenkstube verschwunden war. –
Das war ein Fest am nächsten Tag!
Noch nie hatte der Thronsaal solche Pracht gesehen. Wurzel hatte kaltblütig die ganze Schatzkammer zur Dekoration des Saales verwendet. Der Thron selbst schimmerte in purem Gold, besetzt von strahlenden Smaragden und dunklen Rubinen. Die Wände gleißten im Lichte des durchsichtigen Bergkristalls, und über dem Thron des Königs war das Wichtelwappen in veilchenblauen Riesenamethysten eingelassen. Die Zwergenküche arbeitete fieberhaft. Es gab Schneehasenbraten und Heidelbeerwein, den die fleißigen Zwerglein im Sommer selbst gekeltert hatten. Um vier Uhr kamen die Gäste aus dem Finstertal mit großem Gestöber daher, durchwegs bildhübsche junge Flockendamen, die sich in geschmackvolle weiße Florgewänder gehüllt hatten. Auch Weißflocke war dabei, aber Purzel sah sie nicht mehr an, er konnte ihre Treulosigkeit nicht verzeihen.
Für diese Damen gab es besondere Eisspezialitäten allerfeinster Art, zum Beispiel die neuerfundene Krimpaunzel-Eisbombe, mit Gletschermilch übergossen.
Punkt fünf kam der König aus seiner Nachdenkstube, wo er die ganze Zeit nachgedacht hatte. Er konnte einen Ausruf des Entzückens nicht unterdrücken, als er den Thronsaal betrat. Da stand ein reizendes Spalier der hübschesten und jüngsten Elfen. Die Zwerglein hatten ihre schönsten Röckchen angezogen, alles funkelte und strahlte vor Freude und Erwartung.

Es wurde getanzt, gegessen und getrunken, gescherzt und gelacht, daß es eine Freude war. Zwischendurch gab es allerliebste Darbietungen, unter anderem einen Gletscherfloh-Zirkus des findigen Schnauzel und einen zarten Elfenreigen.
Als das Fest auf seinem Höhepunkt angelangt war, hielt der König eine Ansprache.
,,Ich habe lange nachgedacht", sagte er, ,,und bin zu dem Entschluß gekommen, daß ihr, meine braven und fleißigen Wichtel, alle Jahre ein solches Fest verdient. Damit wir aber nie vergessen, daß wir eigentlich Krimpaunzels Zorn dieses Fest verdanken — denn er hat ja dadurch, daß er die Wichtel und Elfen heruntertrieb, den Anlaß zum Feste gegeben —, so wollen wir die Alm, die er so grausam unter Wasser gesetzt hat, nach ihm die Krimpelbachalm nennen." —
Und so heißt sie bis auf den heutigen Tag.

Edelweiß

Im Inneren eines majestätischen Berges haust seit Jahrtausenden ein uraltes Zwergenvolk. Der König ist so alt, daß er sich auf seine Eltern gar nicht mehr besinnen kann. Er ist der Herr des ganzen Gebietes, denn auf seinen Befehl rollen die Lawinen zu Tal, Edelsteine werden im Gestein verstreut, und Quellen läßt er entspringen oder versiegen. Steil und schroff ragt der Berg empor, stolze und einsame Tiere hausen in seinen Klüften.

Dort, wo der Berg am steilsten ist, entspringt ihm ein kristallklares Wasser. In pfeilschnellem Sturz schießt es zu Tal, wo aber die ersten Matten grünen, versickert es plötzlich spurlos in der Erde, und nur manchmal hört man es tief unten geheimnisvoll murmeln und raunen.

Am Fuße des Berges liegt ein schönes Dorf mit sauberen Schindeldächern und blanken Fenstern. Dieses Dorf hatte seine eigene Berühmtheit – denn Berta, die Bürgermeisterstochter, war wegen ihrer Schönheit im ganzen Tal bekannt. Aber sie war ebenso hochmütig wie schön und schickte alle Freier mit Hohn und Spott wieder nach Hause.

Hinter dem Bürgermeisterhof breitete sich ein schöner Acker, und jenseits desselben rauschte still und verträumt ein Mühlrad. So klein die Mühle war, so fleißig arbeitete der junge Müller den ganzen Tag und sang sein fröhliches Lied dazu. Während der Arbeit aber schweiften seine Blicke oft zum gegenüberliegenden Hofe hinüber, und wenn die schöne Berta über den Acker kam oder an den Fenstern zu sehen war, vergaß er seine Mühlsteine und schaute sich fast die Augen aus.

Oft kam dann sein Kater Peter, schmiegte sich an ihn und meinte ernsthaft: ,,Miau, miau, das ist nichts für dich, mein Lieber, das ist gar nichts für dich!" Aber der Müller-Friedl schob ihn achtlos zur Seite.

Der Sommer neigte sich sachte seinem Ende zu. Ganz behutsam und unmerklich schickte der Herbst seine Vorboten, blühende Dahlien. Der Friedl wurde immer schweigsamer und bleicher. Kein Lied ertönte mehr von seinen Lippen, immer weniger dachte er an seine

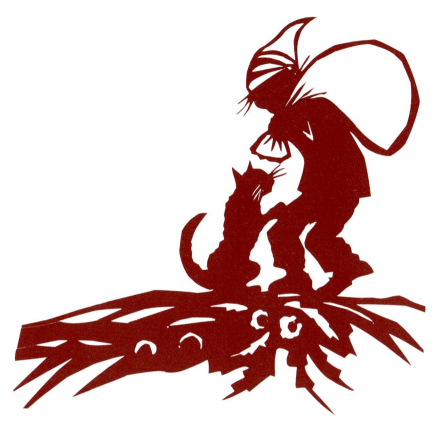

Mühle und an seinen schneeweißen Kater. Die schöne, stolze Berta hatte ihm ganz und gar den Kopf verdreht.
Als Peterle schließlich einzig und allein auf Mäusefang angewiesen war, wenn er etwas zu essen haben wollte, wurde es ihm zu bunt. Er spazierte wie von ungefähr über den Acker und schlüpfte dann behende in Bertas Kammer. Die saß am Fenster und blickte merkwürdigerweise auch gerade zur Mühle hinüber. Peter schwang sich auf das Fensterbrett, ohne daß das Mädchen etwas davon merkte, machte seine weichsten Pfötchen und rieb seinen Kopf an ihrem Arm.
„Ei sieh, Besuch aus der Mühle", lachte sie. „Du kommst wohl vom Friedl, wie?"

Freundlich streichelte sie über sein weiches Fell, aber sie war so in ihrer Eitelkeit befangen, daß sie nicht in des Katers unergründlich tiefen, klugen Augen lesen konnte, die sagten: „Sei gut, sei gut zu Friedl, meinem Herrn! Du wirst es nicht bereuen!"

Da ging die Tür auf und hereintrat – der Kater wurde starr vor Schreck – Friedl selbst. Nicht in weißer Schürze und Mütze, sondern im Sonntagsstaat und mit einer Nelke am Hütchen. Er sprach zu Berta von ihren gemeinsamen Kinderspielen, von seiner Liebe zu ihr und daß er ohne sie nicht leben könnte.

Bertas Gesicht aber nahm im Laufe seiner Rede wieder den hochmütigen Ausdruck an, den es meistens hatte. „Du vergißt wohl, wer ich bin und wer du bist", sagte sie kalt. „Die reichsten und angesehensten Bauern habe ich weggeschickt, und du, ein armer, simpler Müller, wagst es, mir deine Hand anzubieten?"

Peter war vom Fenster herabgeglitten und stellte sich neben seinen Herrn. O Berta, Berta, dachte er, wie schlecht kennst du die Menschen. Siehst du nicht seinen Fleiß, seine Klugheit, erkennst du nicht das Geheimzeichen des Erfolgs auf seiner Stirn? Aber weder Friedl noch Berta beachteten ihn.

„Gut", sagte Berta plötzlich, und ihre Augen blitzten auf. „Siehst du den Wasserfall dort oben? Wenn du mir heute um Mitternacht einen Krug Wasser davon holst, werde ich deine Frau."

Friedl erschrak. Denn im Dorf ging die Sage, daß noch jeder, der versucht hatte, zum Wasser vorzudringen oder gar von dem Wasser zu nehmen, auf geheimnisvolle Weise umgekommen war. Doch besann er sich nicht lange. Tötet mich nicht der Berggeist, dachte er, so sterbe ich aus Liebe zu Berta.

So ging er in seine Mühle, zog die schweren Bergschuhe an und machte sich auf den Weg, denn es war schon spät am Nachmittag, und um Mitternacht mußte er beim Wasserfall sein. Der Kater saß vorwurfsvoll vor der Tür, als wollte er sagen: O Friedl, was tust du!

Immer kleiner wurden die Häuschen, die der junge Müller tief unter sich sah. Auf den Bergen leuchtete die letzte Sonne. Er setzte sich auf einen Stein und blickte in den Abend hinaus. Noch nie war er so hoch hinaufgestiegen. Berggipfel, Matten, Wälder, alles war wie mit rotem Gold übergossen. Eine schöne schlanke Wolke zog still über das Tal hinweg. Der tiefe Friede rings herum ließ ihn für einen Augenblick seinen ganzen Schmerz vergessen. Doch da fiel sein Blick auf das Dorf, das schon im Schatten lag, und plötzlich fiel ihm sein ganzer Liebeskummer wieder schwer aufs Herz. Seufzend nahm er aus dem Rucksack das Brot, das er zur Stärkung mitgenommen hatte, aß es unter trüben Gedanken und machte sich dann wieder auf den Weg. Nun wurde es schnell dunkel.

Mühsam stieg Friedl über die weite, steile Geröllhalde. Steine lösten sich unter seinen Tritten ab und sprangen talwärts. Das war ein ständiges, geheimnisvolles Laufen, Rieseln und Aufschlagen im Dunkel. Dann fuhr er wieder zusammen, weil er glaubte, ein Zwerg husche neben ihm her. Doch war es nur das Echo seiner eigenen Tritte. Ein großer Vogel kam aus dem Schwarz auf ihn zu und umflatterte ihn mit leisem Schrei. Und nun – nun hörte er es! Er warf sich auf die Erde nieder und lauschte. Da, tief unter der Erde ein Gurgeln, Murmeln – ganz leise und dunkel. Friedl preßte sein Ohr an einen flachen Stein, und nun verstand er, was das Wasser tief unten raunte: „Kehre um, sonst kommst du um! Kehre um, sonst kommst du um!"

Ach, dachte er wehmütig, ich komme um, so oder so.

Plötzlich begannen die Steine silbrig zu leuchten. Die Felswand, die undurchdringlich schwarz in den Nachthimmel gestarrt hatte, wurde ganz hell und durchsichtig, wie schimmerndes Glas. Friedl blickte zum Himmel empor. Der Mond war aufgegangen.

Nun ging sein Schatten blau und lang vor ihm her und tanzte über das Geröll, das merkwürdig im Mondlicht glitzerte. Sooft er aber den Schritt anhielt, hörte er tief und leise die Stimme des Wassers: „Kehre um, sonst kommst du um! Kehre um, sonst kommst du um!"

Das Plätschern wurde lauter. Friedl erschauerte. Da oben, nicht mehr weit von ihm, entsprang der Wasserfall.

Und nun war er dort. Der Wasserfall kam nicht, wie er geglaubt hatte, aus dem Fels gesprudelt, sondern entsprang einem ganz kleinen, wunderbar klaren See. Friedl beugte sich über den Wasserspiegel und fuhr erschrocken zurück. Ein uraltes, kluges Zwergengesicht glaubte er gesehen zu haben. Als er aber noch einmal hineinblickte, spiegelten sich nur die Sterne darin. So saß der Friedl am Rande der steilen Wand, vor sich den See und unter sich den rauschenden, silbersprühenden Wasserfall.

Er sah den Mond über den Himmel wandern und die Sterne in ferner Ruhe glänzen. Und jetzt hörte er vom Tal herauf zwölf leis verwehte Schläge: Mitternacht! Da nahm er mutig den Krug, den er schon bereitgehalten hatte, beugte sich über den See nieder und sprach laut in die Nacht hinein: „Nicht aus Mutwillen, einzig und allein aus Liebe nehme ich dir diesen Krug voll Wasser, mächtiger Berggeist. Jetzt mach mit mir, was du willst!" Mit klopfendem Herzen tauchte er den Krug in das Wasser, aber es glitt davon ab, und der Krug blieb leer und trocken. Friedl überwand das Grauen, das ihn beschlich, und schöpfte nun mit der hohlen Hand das Wasser in das Gefäß. Da glitt mit jeder Handvoll einer von den Sternen mit, die sich im Bergsee spiegelten, und rann silbern in das Gefäß. Endlich war es voll. Noch einen Blick warf Friedl auf das einsame Kar. Wieder glaubte er Schatten huschen zu sehen. Beklommen wandte er sich der Wand zu, um abzusteigen. Da fühlte er plötzlich einen eisernen Griff um seine Fußgelenke — er stolperte — stürzte. Das ist der Tod, dachte er; dann blieb er bewußtlos liegen.

Als er erwachte, war heller Morgensonnenschein. Erschrocken stand er auf, denn er lag am Rande des steilsten Abgrundes. Ein guter Geist hatte ihn vor dem Todessturz bewahrt.

Er reckte sich und blickte in die leuchtende Pracht des Bergmorgens. So frisch die Luft, so blank der See, so schön und weit die Welt! Sein ganzer Kummer erschien ihm jetzt dumm und unnotwendig. Die wunderschöne Berta fand er auf einmal gar nicht mehr so wunderbar, seine kleine Mühle kam ihm doppelt traulich vor, und gerührt gedachte er seines treuen schneeweißen Katers.

Wo aber war der Krug? Der lag zertrümmert auf einer Felsbank unter ihm. Friedl lachte. Mochte das Wasser ausgeronnen sein! So würde er eben ohne Berta glücklich werden. Noch einen letzten Blick warf er auf den See, dann stieg er über die Wand ab, vorsichtig und doch so leicht und frei. Diesmal klang der Steinschlag nicht schauerlich, sondern wie heiteres Kichern überall. Nun kam er zum zerbrochenen Krug.

O holdes Wunder! Überall, wohin die Tropfen gespritzt waren, standen auf zarten Stengeln die silbernen Sterne, die er um Mitternacht in den Krug geschöpft hatte. Entzückt pflückte er ein Sträußchen. Sie waren so edel geformt wie die Sterne am Himmel und so samtig wie das schneeweiße Fell des Katers. Darum nannte er die Wunderblume ,,Edelweiß".

Vor dem Dorfe kamen ihm zwei entgegen, das waren sein treuer Kater und die junge Marei, ein armes Bauernmädchen, das ihn heimlich von ganzem Herzen liebte und die ganze Nacht vor Sorge um ihn kein Auge zugemacht hatte.

Nun erst sah Friedl, wie lieblich sie war. Ein zartes Rot stieg ihr in die Wangen, als er an ihr vorbeikam, denn sie dachte nicht anders, als daß der Friedl jetzt zur Berta gehen würde.

Er aber blieb stehen und reichte ihr die Hand. ,,Guten Morgen, Marei!" sagte er. Marei legte ihre kleine, abgearbeitete Hand in die seine und wurde noch röter. Dem Friedl aber wurde richtig warm ums Herz. Er reichte ihr den Strauß Edelweiß, und dann gingen sie Hand in Hand der Mühle zu, als wäre es immer schon so ausgemacht gewesen.

Berta stand an ihrem Fenster und sah Friedl kommen. Sie wunderte sich über seine Begleiterin, dachte aber, er würde nun doch flehend vor sie, die schöne Berta, hintreten. Und sie nahm sich vor, ihm das Jawort zu geben, ob er nun das Wasser hatte oder nicht. Denn auch sie hatte den Friedl gern, aber den Triumph hatte sie haben müssen, daß sie vor dem ganzen Dorfe sagen konnte: Seht, der Friedl ist meinetwegen sogar zu dem verwünschten Wasser hinaufgestiegen!
Wie lang aber wurde ihr Gesicht, als sie ihn mit der Marei fröhlich plaudernd zur Mühle abschwenken sah. Fast konnte sie ihren Augen nicht trauen – bald kräuselte sich lustiger Rauch aus dem Kamin, denn die Marei kochte dem Friedl eine kräftige Morgensuppe.
Auch Peter bekam sein gutes Teil davon ab, und ihr könnt euch denken, wie wohl ihm das tat; denn er hatte seit Wochen nichts Warmes mehr im Magen. Er strich sein Köpfchen bald um Mareis, bald um Friedls Beine, dann aber dachte er sich, man müsse die jungen Leute allein lassen, und begab sich vor die Haustür. Da saß er nun strahlend und vergnügt vor dem Häuschen in der Sonne, und als er Berta so enttäuscht herüberschauen sah, konnte er sich's nicht versagen, mit seinen Vorderpfoten eine lange Nase hinüberzuschneiden.
Da hatte sie zum Schaden auch noch den Spott.
Friedl und Marei wurden ein glückliches, angesehenes Paar. Stets haben sie die Berggeister hoch in Ehren gehalten. Im Dorf aber wurde es Sitte, daß der Bursche dem Mädchen, dem er gut ist, ein Sträußlein Edelweiß aus den Felsen holt.

Braunöhrls Abenteuer

Es ist schon lange, lange her, da war ein recht strenger Winter. Die Welt steckte in einem dicken Panzer von Schnee und Eis. Die Bäume seufzten zwar, aber sie konnten sich kaum rühren und nur ab und zu ein wenig von der kalten, weißen Last abschütteln. Die Bächlein waren vom blanken Eis unterdrückt; sie waren ganz steif gefroren und hatten alle Hoffnung verloren, jemals wieder durch grüne Wiesen zu springen und mit den gelben Dotterblumen zu plaudern.
Für die armen Tiere war das eine bitterschwere Zeit. Es gab welche, die hatten sich im Herbst einen Vorrat eingetan, aber den hüteten sie geizig und gaben niemandem etwas davon ab. Den anderen aber, die auf frisches Futter angewiesen waren, ging es wirklich schlecht. Es war unter den Schneemassen nichts zu ergattern. Die Rehe wagten

sich bis an die Bauernhöfe, wo ihnen mitleidige Seelen Kastanien und Heu gaben. Ganz schlimm waren die kleinen Häslein daran. Sie hatten auch zu den Menschen kein Vertrauen, denn zu viel war schon von den schrecklichen Bratpfannen erzählt worden, in denen manch wackerer Hase zum Schluß gelegen hatte.
So herrschten Dürftigkeit und Not unter den Hasen des Grünwaldes, wie der prächtige Wald im Sommer genannt wurde.
Einem von ihnen, dem munteren Hasen Braunohr, wurde das kümmerliche Jammerleben zu dumm. Er packte seinen Rucksack mit den notwendigsten Sachen, die man für eine weite Reise braucht, schüttelte allen Verwandten und Freunden die Pfoten und machte sich auf die Wanderschaft. Seine Mutter steckte ihm eine gelbe Rübe und ein Stückchen Brot zu – das war das Beste, was sie noch besaß. Außerdem gab sie ihm noch einen Bogen Briefpapier mit, darauf sollte Braunohr schreiben, wie es ihm in der Welt draußen ging. Die arme Mutter ließ ihn nicht gerne ziehen. Sie weinte und rief:
,,Wirst sehen, Braunöhrl, du kommst nimmer z'rück! Ein altes

Sprichwort sagt: Schuster, bleib bei deinen Leisten, Has', bleib in deinem Wald. Braunöhrl, Braunöhrl, ich seh' dich nimmermehr!"
Der wackere Braunohr aber wischte ihr mit seinem weichen Ohr die Tränen aus den Augen, küßte sie auf die Schnauze und sagte fröhlich: „Ach was, Mutter, wer wird denn gleich weinen! Ich komme wieder zurück und bringe Essen mit für alle, in Hülle und Fülle."
So schritt Braunohr rüstig durch den dichten, weißen Winterwald, und der eisige Wind pfiff ihm um die Löffel. Solange er noch im heimatlichen Wald lief, war ihm leicht zumute. Als er aber den Wald verließ, wurde ihm recht beklommen ums Herz. Da dehnten sich fremde, endlose Felder, alles weiß in weiß, und nur selten ein Strauch oder Baum, hinter denen sich ein einsames Häslein vor Menschen oder Hunden verstecken konnte. Braunohr aber überlegte nicht lange. Mit einem Sprung war er schon drin im Feld und kämpfte sich tapfer durch den tiefen Schnee. Er hoffte auch, daß irgendwo ein Kohlstrunk oder ein altes Salathäuptel hervorschauen würde, aber nichts dergleichen ereignete sich. So wanderte er lange, lange, und

als es Abend wurde, hatte er nichts im Magen als einen fürchterlichen Hunger. Nirgends gab es aber was zu beißen. Sehnsüchtig dachte er an seinen Heimatwald, verzehrte die gelbe Rübe und kuschelte sich dann unter einen Strauch, der im Rauhreif starrte.
Am nächsten Tag wanderte er weiter. Sein Rucksack war um die gelbe Rübe leichter geworden, sein Hunger dafür umso größer. Einmal muß ich doch in ein Land kommen, wo es keinen Schnee, dafür aber Gras und Kräuter gibt, dachte er bei sich. Da gelangte er plötzlich an eine Weggabelung. Der Weg teilte sich nämlich in drei Teile. Braunohr besann sich nicht lange. Er hatte immer vom goldenen Mittelweg gehört, so ging er jetzt ohne Zaudern den mittleren weiter.
Aber all seine Zuversicht nützte ihm nicht viel. Der Hunger wurde immer stärker und stärker. Dennoch wollte er das Stückchen Brot erst im allerschlimmsten Falle antasten. Er war schon ganz schwach in den Knien, als er plötzlich vor einer hohen, unendlich langen Mauer stand. Ein winziges Pförtchen führte in einen Garten. Über der Pforte stand eine Inschrift. Braunohr näherte sich neugierig und las: „Eintritt strengstens verboten!"
Wie mochte es da drinnen wohl aussehen? Braunohr bemerkte zu seiner Aufregung, daß das Pförtchen ein wenig angelehnt stand. Rasch schlüpfte er hinein. Erstaunt blieb er stehen und rieb sich die Augen mit beiden Pfoten. Träumte er vielleicht? Auf saftiggrünem Rasen wuchsen Schlüsselblumen, Vergißmeinnicht, Veilchen und rosenrote Gänseblümchen. Zierliche Wege führten zu sauber angelegten Beeten. Da wuchs knuspriger, zartgelber Kohl, das Kraut der gelben Rüben kräuselte sich in hellgrünen Spitzen, lockere Petersilie war zur Abwechslung dazwischengepflanzt. Ein sanfter, warmer Wind wehte um Braunöhrls Schnäuzchen, und alles in allem schien ihm, er sei hier in ein wahres Hasenparadies hineingeraten.
Noch einmal blickte er beim Tor hinaus – dort pfiff eisiger Sturm über schneebedeckte Felder und schüttelte die Eiszapfen von den Bäumen.
Nun besann sich Braunohr keinen Augenblick mehr. Er sprang mit zwei, drei großen Sätzen bis zu dem Kohlbeet. Kohl war nämlich seine Leibspeise. Das war ein Schmausen nach langer Hungerszeit! Die Sonne schien ihm warm auf den Rücken. Sein struppiger Pelz

wurde wieder glatt und glänzend, in seine Augen kam das alte Feuer, und er selbst wurde wieder fest und rund.
Wenn nur meine Freunde aus dem Grünwald hier wären, dachte er. Aber ich werde mich nur ein wenig ausruhen und dann alle herführen. Unter diesen angenehmen Gedanken hopste er weiter.
Zur Abwechslung knusperte er an einem jungen Sellerieblättchen und verfügte sich zum Nachtisch auf die Wiese, wo er sich an den zartesten Gräsern gütlich tat und nebenbei noch die frischen Blümlein versuchte.
Plötzlich fühlte er sich fürchterlich an den Löffeln gerissen. Er erschrak so, daß ihn beinahe der Herzschlag getroffen hätte. Als er es wagte, sich umzublicken, stand hinter ihm ein großer Hase mit einer Mütze auf dem Kopf, auf der geschrieben stand: „Aufsicht."
Oje! dachte Braunohr. Erst habe ich geschmaust, jetzt heißt es die Zeche bezahlen. Aber nur Mut, Braunöhrl, und den Kopf nicht verlieren.
„Was machst du hier?" schnauzte ihn der fremde Hase an.
„Ich mache gar nichts, wie du siehst", sagte Braunohr gemächlich. „Bevor du mich aber so unverschämt an den Löffeln gerissen hast, habe ich gegessen. Nicht übel die Kost, das muß selbst ein erfahrener Hase zugeben."
„Ausweis vorzeigen!"
„Habe keinen."
Inzwischen war eine Menge Hasen herbeigekommen. Alle fingen ein schreckliches Gezeter an, als sie die Gemüsebeete erblickten.

„O Gott, o Gott, er hat meinen Kohl gefressen!" schrie der eine.
„Er ist über meinen Sellerie hergefallen", klagte der andere.
„Er ist in das Radieschenbeet gestiegen", jammerte der dritte.
„Was wird der König sagen, ach, was wird der König sagen?" riefen sie alle durcheinander und rangen die Pfoten, als ob das größte Unglück geschehen wäre.
Braunohr stand ganz still und stumm vor Erstaunen. Endlich sagte er, zu dem Hasen gewandt, der die Mütze trug: „Ja, wo bin ich denn eigentlich hingeraten?"
„Du bist ins Osterhasenland eingedrungen", sagte der Aufseher streng. „Ich muß dich aufschreiben, dann wanderst du in den Kotter. Wirst schon sehen, was dann weiter mit dir geschieht."
Er zog einen Block und einen Bleistift hervor. „Also, wer bist du?"
„Ich bin Braunohr von Grünwald", antwortete unser Hase gefaßt.
„Er ist von Adel, man kann ihn nicht ohne weiteres in den Kotter werfen", riefen einige Hasen. „Man muß ihn dem König vorführen."
„Ja, man muß ihn dem König vorführen!" riefen nun auch die Hasen, die zuerst so gejammert hatten. Ein paar andere blickten ihn mitleidig an.
„Na, der König wird's ihm geben", hörte er da und dort flüstern.
„Hört mich einmal an, ihr lieben Hasen!" rief Braunohr.
„Ruhe, Ruhe!" riefen die Hasen durcheinander. „Er will eine Rede halten."
„Fasse dich kurz", sagte der Aufseher. „Ich muß dich gleich dem König vorführen, und da gibt's was hinter die Löffel."
„Ihr lieben Hasen", rief Braunohr beherzt, „was seid ihr für eine merkwürdige Gesellschaft. Draußen herrschen Hunger und Kälte. Ihr aber lebt in einem wahren Paradies. Die Sonne lacht auf euer Land herab, linde Lüfte säuseln um eure Schnauzen, die herrlichsten Leckerbissen wachsen in köstlicher Fülle, und ihr vergönnt einem armen, halb verhungerten Waldhasen nicht einmal, ein bißchen daran zu knabbern. Ich habe immer sagen hören, die Osterhasen sind liebe, freundliche Geschöpfe, die den Kindern was Wunder für gute Sachen bringen. Daß ihr aber gegen euresgleichen so futterneidisch seid, das gefällt mir gar nicht."
Da brachen die Hasen in lautes Jammern aus.

„Ach, wir hätten dir alles vergönnt, Braunohr", riefen sie, „aber unser König ist so schrecklich streng. Wenn er sieht, daß etwas in den Beeten fehlt, gibt's gleich Ohrfeigen, und die ziehen fürchterlich."

„Kein Wort mehr!" rief der Aufseher. „Braunohr, ich sperre dich einstweilen in ein Vorzimmer von Seiner Majestät Palast. Graupfote und Silberlöffel, ihr bewacht ihn! Ihr haftet mir persönlich für ihn! Persönlich, verstanden?"

Ab ging's zum Palast. Braunohr wurde in ein dunkles Zimmer geführt. Da saß er nun, bewacht von den beiden Osterhasen. Kaum war der Aufseher draußen, da kamen die zwei zutraulich zu Braunohr und erzählten ihm von ihrem traurigen und anstrengenden Leben als Osterhasen. Sie mußten das ganze Osterhasenland in tadelloser Ordnung halten. Außerdem war jeder Osterhase verpflichtet, täglich ein farbiges Ei zu legen, die dann in den großen Kellerräumen bis

zum Frühlingsfest aufbewahrt wurden. Gewisse Hasen waren bestimmt, gelbe Eier zu legen, die durften nur Schlüsselblumen verspeisen. Andere wieder blaue, die durften nur an die Vergißmeinnicht heran, und so hatte jeder Hase seine Beschränkung auferlegt. Zur Osterzeit selbst war es dann gar nicht mehr auszuhalten. Da kamen

noch die Schokolade- und Zuckereier dazu. Der König war entsetzlich streng, überall hatte er Aufseher, und für das geringste Versehen gab es Ohrfeigen, und die taten so weh, so weh!
,,Dann seid ihr freilich arme Viecher!" rief Braunohr erschüttert. ,,Wie ist die Welt so sonderbar! Ich glaubte in ein Paradies zu kommen, und nun sehe ich erst: gutes Essen und warmer Sonnenschein machen auch nicht alles aus. Oh, wie schön war die Freiheit im Wald, wenn's auch verteufelt kalt durch die Nasenlöcher gezogen hat!"
,,Du tust mir so leid, Braunohr", sagte Graupfote. ,,Du hast ja nichts Unrechtes getan, und doch wird dich der König schrecklich strafen."
,,Eines bitte ich dich", fügte Silberlöffel hinzu: ,,Sei nicht so leichtfertig mit deinen Ausdrücken. Du schadest dir furchtbar damit. Bei uns herrschen feinste Hofsitten. Der König sieht streng darauf. Sei ein bißchen untertänig."
,,Untertänig? Was ist denn das?" fragte Braunohr erstaunt.
,,Du wirst schon sehn, wie man das macht", sagte der Osterhase. ,,Aber pst, pst, die Aufseher kommen."
Beide sprangen zur Tür und machten Gesichter, als hätten sie nie ein Sterbenswort mit Braunohr gesprochen. Zehn Osterhasen mit Aufsehermützen traten ein.
,,Marsch zum König!" sagte der Anführer. Sie nahmen Braunohr in die Mitte und führten ihn durch Gänge und Hallen bis zum Thronsaal des Königs. Dieser stand, den Hermelin lässig übergeworfen, vor seinem Throne und besprach sich gerade mit seinem Minister.
,,Was ist denn das für ein Kerl?" fragte er, als Braunohr hereingeführt wurde.
,,Ein ganz ordinärer Fall, ehrwürdige Majestät zu vermelden", sagte der Minister mit einer tiefen Verbeugung. ,,Ein Waldhase von draußen; der Glanz des Reiches Eurer Majestät hat ihn wahrscheinlich geblendet. Vollkommen verwildertes Geschöpf, keine Ahnung von Manieren."
,,Lasse ihn einmal in der Ecke stehen, damit er sieht, was höfische Manieren sind", sagte der König. So mußte Braunohr in der Ecke stehen, damit er etwas vom guten Ton erlerne.
Ein Osterhäschen trat angstschlotternd vor, geführt vom Obereierleger-Aufseher.

„Na, was hast du angestellt, du Schlingel?" fragte der König einigermaßen wohlwollend.

„Verzeihen gnädigst, erhabener, dreimal durchlauchtigster Herrscher", zitterte der Hase, „aber es war mir heute ganz und gar unmöglich, mein violettes Ei zu legen."

„Sofort ein Pfund Eierschalen und hundert Veilchen einnehmen", befahl der König. „Wenn das Ei bis abends nicht hier ist, gibt's eins hinter die Löffel."

Das arme Häslein verbeugte sich tief und ging sofort zum Eierschalenlager, wo es unter Tränen die abscheulichen Schalen hinunterwürgte.

Ein anderer Osterhase trat vor den König, verneigte sich so tief, daß er mit der Schnauze am Boden anstieß, und bat mit zitternder Stimme: „Erhabener König, bitte untertänigst, mir zu gestatten, morgen ein buntscheckiges Ei legen zu dürfen."

„Das könnte dir passen!" rief der König. „Du legst gelbe Eier wie bisher, verstanden?"

„Aber mir wird schlecht von den Schlüsselblumen", erwiderte das Häslein.

„Wie? Du widersprichst? Das ist ja unerhört!" Und – sssssst – schon hatte der Ärmste eine Ohrfeige hinter den Löffeln sitzen, daß Braunohr den Luftzug bis in seine Ecke spürte.

Das arme Häslein aber wankte mit geschwollenem Gesicht hinaus und mußte weiterhin Schlüsselblumen fressen, wenn ihm auch noch so schlecht davon wurde.

Ah, dachte Braunöhrl bei sich. Eierschalen fressen und Ohrfeigen einstecken, das sind also die höfischen Manieren. Das kann ja gut werden. Aber ich lasse mich nicht unterkriegen, ich nicht!"

„Und nun", sagte der König scharf, „führt mir den Vagabunden vor, den Hungerleider, den Strolch, den Tagedieb."

Braunohr wurde vor des Königs Thron geführt.

„Verzeihung", sagte er höflich, aber fest, „ich bin kein Strolch! Ich bin Braunohr von Grünwald, in wichtigen Geschäften unterwegs und nur durch einen unglücklichen Zufall in diese schäbige Monarchie hereingeraten."

„Na warte", rief der König, „du Frechling, du unverschämter! Ich werde dir eine kleben!"

„Bitte, kleben Sie", sagte Braunohr kaltblütig, öffnete den Ranzen und hielt dem König einen Brief und eine Marke hin. „Kleben Sie, und dann fort damit in den Briefkasten. Er ist für meine Mutter bestimmt, eine feine Dame, würde gut zu Ihnen passen, wenn Sie nur ein bißchen freundlicher wären."

Der König war über diese Antwort einfach starr. Die Osterhäschen standen stumm, als wären sie gar keine richtigen Osterhasen, sondern nur so ausgestopfte, wie man sie in den Schaufenstern sieht.

„Ha, du frecher Bursche", rief der König endlich, „du scheinst mich nicht zu verstehen! Ich meine, ich werde dir eins schmieren."

„Nichts lieber als das", erwiderte der geistesgegenwärtige Braunöhrl. Wieder öffnete er sein Ränzlein, nahm das trockene Stückchen Brot heraus, das er immer noch gespart hatte, und hielt es dem König hin.

„Bitte, schmieren Sie", sagte er. „Am liebsten Butter, aber nicht zu dünn, das schmeckt Braunohr von Grünwald, meiner Seel'!"

Der König wurde ganz bleich vor Zorn. Sein majestätischer Schnurrbart begann zu zittern, und alle anderen Hasenbärte zitterten vor Angst, sodaß in dem Saale ein leichtes Schwirren zu vernehmen war.

„Du verstehst mich wohl immer noch nicht, du Taugenichts", grollte der große König. „Ich aber sage dir, jetzt auf der Stelle bekommst du eine Flasche."

„Ah, das hat gerade noch gefehlt!" rief Braunohr entzückt. Er wußte zwar genau, daß Flasche soviel wie Ohrfeige bedeutete, aber er stellte sich ganz unschuldig, verdrehte die Augen und flötete:

„Eine Flasche Quellwasser vielleicht? Das wäre ein Labsal für Braunohr von Grünwald, meiner Seel'!"

„Kurz und gut, ich hau' dir jetzt eine herunter, und zwar sofort, und damit basta!" rief der König. Braunohr fing aber seine Pfote ab und sagte eifrig: „Hier gibt's nichts zum Herunterhauen. Da müßten wir schon in den Garten gehen, nachsehen, ob die Kirschen schon reif sind."

„Jetzt ist's aber genug der Frechheit!" schrie der Osterhasenkönig. „So wahr ich der König bin, jetzt fangst du eine."

„Schon gefangen, schon gefangen!" rief Braunöhrl triumphierend. Er hatte sich geschickt geduckt, des Königs Ohrfeige war nur durch die Luft gezischt, ohne ihn zu treffen. Braunohr aber hielt in seiner Pfote eine fette Laus, die in des Königs Fell gesessen war. Da ließ sich der König in seinen Thronsessel sinken und rief:

„Braunohr, du hast mich besiegt. Du bist nicht nur ein schlagfertiger, sondern auch ein mutiger und geschickter Hase. Du darfst dir etwas wünschen, und das wird dir erfüllt, so wahr ich der Osterhasenkönig Schimmerfell der Dreiunddreißigste bin. Ihr anderen Hasen aber, nehmt euch ein Beispiel an diesem Prachtstück von einem Waldbewohner. Wie hat diese Laus mich gebissen und gequält, aber keinem von euch wäre es eingefallen, sie mir aus dem Pelz zu fangen. Ah, ich fühle mich wie neugeboren. Wünsche dir was, mein lieber Braunöhrl, wünsche! Ah, wie herrlich ist es, ohne Laus im Pelz zu leben!"

„Großer König", sagte Braunohr nun ganz bescheiden, „ich bitte um nichts anderes als um Futter für meine Freunde und Verwandten im tiefverschneiten Winterwald."

„Sollen kommen, sollen kommen!" rief der König begeistert. „Alle sind eingeladen, sich satt zu essen nach Herzenslust! Dies ist mein Wort, so wahr ich Schimmerfell heiße."

„Ein Königswort, meiner Seel'", erwiderte Braunohr und machte sich gleich auf, um die Seinen zu holen.

War das eine Freudennachricht für die armen, halb verhungerten und erfrorenen Hasen im Walde. Das Trüppchen machte sich auf den

Weg, und geführt von Braunohr, gelangte es bald ins Osterhasenland.

Der König ließ sich nicht lumpen und bereitete den Waldhasen einen großartigen Empfang. Das Hasenpanier war am Tor aufgepflanzt, der König selbst stand am Eingang zum Empfang bereit und hieß alle Häslein schnabulieren und knuspern. Aber auch die Osterhasen durften tun, was sie wollten. Da wurden sie viel lustiger und munterer, und der Erfolg war, daß sie nun ganz von selbst täglich zwei Eier legten und noch eins aus Schokolade dazu. Das freute wiederum den König, und so kamen sie alle aus der Freude gar nicht mehr heraus, und die Sonne lachte und freute sich ebenfalls.

Schimmerfell XXXIII. heiratete wirklich Braunöhrls Mutter, die auf diese Weise ganz unerwartet Osterhasenkönigin wurde. Beide regierten sanft und gerecht, bekamen viele Kinder, und wenn sie nicht gestorben sind, leben sie heute noch.

Wer weiß?

Es war einmal ein Bauer, der hatte ein wohlbestelltes Gut, eine brave Bäuerin, Kinder, Haus, Hof und ein paar Stück Vieh. Weil sein Gut an einem Waldsee gelegen war, hieß er der Seebauer.

Einmal, als er gerade dabei war, Gerste zu schneiden, hörte er aus dem nahen Blumengärtlein ein klägliches Winseln und Weinen.

„Das klingt ja, als läge ein Kind im Garten", dachte er und ging gleich nachsehen. Ein Kind war es auch, ein zartes, kleines Mädchen, das mitten unter den Akeleiblumen lag und nichts am Leibe hatte als ein spinnwebzartes hellgrünes Hemdchen.

„Frau!" rief der Bauer. „Da hat uns jemand ein Kindl hereing'legt." Die Frau kam und nahm das kleine Mädchen auf den Arm. Es blickte die Frau aufmerksam an, dann verzog sich sein Mund zu einem ernsten Lächeln, und es schlang die weißen Ärmchen um den Hals der Bauersfrau.

„O mei!" rief die Frau, „bist du aber ein lieb's schön's Dirndl!" Sie brachte den Fund ins Haus, und alle betrachteten das Geschöpflein: Es hatte tiefschwarzes, glänzendes Haar und eine perlenfarbene Haut. Das Schönste an ihm waren aber die großen, runden, erstaunten Augen.

„Grad so grün wie der See sein die Gucker", meinte der Bauer, und alle stimmten ihm bei. Denn die Augensterne des Kindes blickten ebenso grün und unergründlich tief wie der nahe See. Alle waren darin einig, daß das Mädchen vornehmer Abkunft sein müßte, weil es gar so fein und zart anzusehen war. Die Seebauernkinder nahmen sich daneben aus wie kleine Bären.

„Wir haben zwar schon vier Kinder", sagte die Bäuerin, „aber das fünfte wird auch noch zum Erfüttern sein."

Der Bauer nickte zustimmend, alle murmelten Beifall. Die Kinder aber klatschten in die Hände vor Freude über das schöne neue Schwesterle, das wohl ein Storch in den Blumengarten gelegt hatte. Es war aber nicht der Storch, es war der Nöck. Er selbst hatte das Kind in den Garten gebracht, denn es war kein richtiges Wasserkind — und war doch die Tochter der Nixenkönigin. Aber sein Vater war ein

Mensch, ein junger Mensch von Fleisch und Blut, deshalb konnte die Prinzessin nicht unter dem Wasser leben, es brauchte die Sonne und Luft zum Atmen, und so hatte sich der Nöck ans Land geschlichen und das Kind in den Blumengarten gelegt. Das Mädchen wußte aber von seiner Abkunft, denn die kleinen Nixlein sind klug und verstehen die Welt wie reife Menschen. Bevor es der Nöck ins Menschenland trug, hatte es seiner Mutter schwören müssen, nie und nimmer etwas von seiner Heimat unter dem Wasser zu verraten und auf alle Fragen stets nur mit ,,Wer weiß?" zu antworten.

Kam jemals ein einziges Wort über seine Lippen, daß es vom Wasservolk abstammte, so waren alle Bewohner des Sees dem Tode verfallen. So bestimmte es ein altes Gesetz, und noch nie hatte eine Halbnixe etwas von dem Leben da unten verraten.

Nun hatte das Kind weder Vater noch Mutter und bekam doch Liebe genug, Liebe ebensoviel wie die vier Seebauernkinder, vielleicht noch mehr. Weil sie es unter Akeleiblumen gefunden hatten, ließ die Bäuerin es auf den Namen Akelei taufen.

Die Jahre gingen dahin, und Akelei lief mit ihren Geschwistern durch Hof und Haus, Feld und Wald. Sie arbeitete wie ein Bauernkind und war dabei so lieb und gut wie selten ein Mensch auf dieser Welt. Alle hatten sie gern. Als sie größer wurde, kamen junge Burschen von weit und breit unter irgendeinem Vorwand zum Seebauern. Der eine brauchte eine Bienenkönigin, der andere einen Baumsetzling, der dritte wollte ihm sein Roß leihen zum Heueinfahren, und der vierte wußte wieder etwas anderes. Aber der Seebauer wußte es genau: Sie kamen nur der Akelei wegen.

Sie aber war so schön und seltsam wie eine fremde Blume in einem Bauerngarten. Ihr schwarzes, glattes Haar trug sie sanft gescheitelt um ihr blasses, zartes Gesichtchen, in dem die dunkelgrünen Augen rätselhaft fragend und doch voll gewinnender Güte in die Welt schauten. Trotz aller Arbeit blieben ihre Hände weiß und weich, ihre Bewegungen anmutig-leicht. Ihre Gestalt war so zart wie die einer Elfe, und wenn sie lachte, klang es wie das Rieseln der Wellen im Schilfe. War ihre Arbeit getan, dann nahm die junge Akelei am liebsten das Boot aus dem Schuppen und ließ sich von den Wellen in den See hinaustreiben. Da konnte sie lange, lange sitzen und ins Wasser träumen. Leiser Gesang drang vom Grunde des Sees zu ihr herauf. Der Nöck winkte ihr freundlich zu, die Nixen schwebten fast bis zur Oberfläche des Sees empor und wiegten sich in anmutigen Tänzen. Manchmal sah sie das Antlitz ihrer Mutter durch die Wellen schimmern. Es war wunderschön, doch von Leid verzehrt; – von Leid, daß ihr Töchterlein nicht bei ihr wohnen konnte.

Einmal hörte Akelei sogar etwas wie Glockenton von der Tiefe des Sees. Der Wassermann war traurig, die Nixen weinten. Ein gläserner Sarg lag schimmernd unter weißen Seerosen. Da wußte Akelei, daß ihre Mutter, die Nixenkönigin, gestorben war. Nun wäre sie Herrin gewesen über Nixen und Fische, aber sie hatte einen Menschenleib und konnte nicht hinab zum Wasservolk. Viel dachte sie nach über ihre tote Mutter, oft war sie draußen auf dem See und sah den Nöck,

wie er ihr zuwinkte und dann den Zeigefinger an den Mund legte. Aber es hätte dieser Mahnung nicht bedurft, sie hielt treu ihr Schweigegelöbnis und erzählte keinem Menschen von dem, was sie sah und wußte. Sie war immer gut und hilfsbereit und dankbar für die derbe, aber warme Liebe und Fürsorge der blonden, rotwangigen Menschen. –
Wer kam am häufigsten zum Seebauern?
Der Jäger.

Wer allein konnte das Herz der jungen Akelei zittern machen?
Der Jäger.
„Wer bist du, schöner Findling mit den grünen Augen?" fragte er immer wieder. Sie lächelte nur und antwortete, wie sie der toten Mutter versprochen: „Wer weiß!"
Und so nannte sie der Jäger bei sich im stillen „Werweiß".
Sie blühte wie eine weiße Rose, als sie ihm angetraut wurde. Von den Höhen krachten Böllerschüsse. Beim Seebauern wurde gegessen und getrunken, gescherzt und getanzt. Laut klangen die Gläser weit in die Nacht hinaus, heiß glühte die Liebe im Herzen des Jägers und seiner Braut. Das war die Hochzeit Akeleis, des Findlings vom See.
Nun war Akelei Frau Jägerin und wohnte im tiefen Wald. Blitzsauber war ihr Häuschen, die Fenster funkelten im Morgenlicht. Aber sie war ruhiger und ernster als im Hause des Seebauern. In stillen Stunden

saß sie vor dem Hause und hörte die Vöglein singen, hörte das Rauschen des Waldes und seine tausend Stimmen. Aber sie sehnte sich nach dem Spiel der Wellen, dem Lächeln des Nöck, dem Anblick der tanzenden Nixen.

„Du bist traurig", sagte der Jäger. „Fehlt dir etwas?"

Sie lächelte ihn an und sagte nur: „Wer weiß?"

Er konnte es nicht wissen, sie aber wußte es.

Sie besuchte ihre Zieheltern und Geschwister, glücklich lief sie wieder durch das Haus, das ihre Kindheit so warm behütet hatte.

Und dann – dann nahm sie das Boot und ruderte auf den See hinaus. Jetzt erst war sie richtig zu Hause. Der Wassermann kam und die Nixen. Sie huldigten der jungen Königin, und mit leisem Schlag fiel ein Kranz von Seerosen ins Boot.

Der Jäger kam, um seine Frau abzuholen.

„Wo ist Akelei?" fragte er die Mutter.

„Wer weiß, wo sie steckt", lachte die Seebäuerin. „Sicher am See draußen, das ist ihr liebster Aufenthalt."

Der Jäger ging zum Ufer, die Geschwister begleiteten ihn. Da kam Akelei, und alle schwiegen still, so schön war sie mit dem Kranz von Seerosen im Haar.

„Wie eine Wassernixe hat sie ausgeschaut", sagten die Kinder später.

Stumm gingen Jäger und Jägerin nach Hause.

Ein paar Tage später wurde der Mond voll. Sein Silberlicht lag wie ein duftiger Schleier über Blumen, Strauch und Baum. Der Jäger war nicht zu Hause, er hatte Nachtwache, Wilddiebe trieben sich im Walde herum. Akelei saß allein in der Stube.

Da ging die Tür auf, und herein trat ein Mann, der war in feines blaues Tuch gekleidet. Sein Haar hing in schwarzen Locken um die Stirn, und es sah aus, als sei es feucht. Er hatte grüne Augen wie Akelei, und seine Haut war blaß wie die ihre. Akelei stand auf, ihr Herz schlug beklommen, aber nicht vor Angst, sondern vor Erwartung. Der Mann verbeugte sich tief und ehrerbietig und sprach: „Herrin, der Mond steht über dem See, und die silbernen Fischlein springen. Komm und sieh dein Schloß, Nöck und Nixen und alles, was dein ist."

Da ging sie mit ihm vor die Tür hinaus. Er bot ihr seine Hand. Seite an Seite glitten sie durch den Wald. Mit lautlosem Flug strich ein Uhu an ihnen vorbei. Von ferne hörte sie ab und zu die Glocke einer weidenden Kuh.

Akelei ging wie im Traum. Wie im Traum sah sie den Seebauernhof im Silberlicht des Mondes daliegen, tief schlafend und still. Der Hund schlug kurz an, dann erkannte er die vertraute Gestalt und umsprang sie in lautloser Freude.

Sie aber und ihr Begleiter glitten weiter bis zum Rande des Sees. Eine Flut von sanft gleißendem Licht war über die dunkle Fläche ausgegossen. Der fremde Bote löste den Kahn von der Kette. Nun schaukelten sie auf dem Wasser, und Akelei sah alles, alles: das festlich beleuchtete Seeschloß und reichbekränzte Wasserfräulein, die zum Schifflein emporstiegen und es umkreisten. Zarte, schwebende Lieder sangen sie dabei zu Ehren ihrer schönen, jungen Königin. Akelei ließ die Hand ins Wasser gleiten, und da kamen die lieblichen Gestalten heran und küßten sie, und sie strich ihnen über ihr Haar, und das Herz zitterte ihr in einem nie gekannten Glück.

Der Mond war schon längst weitergezogen und im Osten schon der Schein des aufgehenden Tages zu ahnen, als Akelei wieder Hand in Hand mit dem fremden Boten nach Hause ging.

Einen Steinwurf weit vom Jägerhause blieb er stehen und sprach: „Danke für deinen Besuch, Herrin! Wenn der Mond wieder rund ist, kommt dein Diener wieder und führt dich zum Fest." Tief verneigte er sich, und dann hatte ihn das Dunkel des Waldes verschluckt.

Akelei fühlte plötzlich die Einsamkeit wie einen Stein in ihrem Herzen. Als sie zum Hause kam, erschrak sie heftig: In der Schlafkammer brannte Licht, ihr Mann war vor ihr nach Hause gekommen.

Sie betrat das Zimmer, der Jäger war noch nicht zu Bett.

Er musterte ihre Gestalt mit einem argwöhnischen Blick, dann sagte er rauh: „Du warst am See!"

Sie zuckte die Achseln, und ohne es zu wollen, glitten die Worte über ihre Lippen: „Wer weiß?"

„Nimm das Zeug vom Kopf!" rief er. Sie griff an ihren Kopf und merkte erst jetzt, daß sie einen Kranz von schwerblühenden Seerosen trug. Feucht war ihr Haar, naß der Saum ihres Rockes.

„Akelei! Akelei! Was tust du mir an? Wo warst du? Sprich doch! Sprich!" rief der Jäger.
Aber ihr Mund blieb bleich und stumm.
„Dann versprich mir wenigstens, daß du nie mehr zum See gehen wirst", sagte er aufgeregt. Denn er ahnte dumpf, daß ein Zusammenhang bestand zwischen dem See und seiner Frau. Er hielt ihr die Hand hin. Sie ergriff sie und warf sich an seinen Hals. Tränen stürzten aus ihren Augen, sie schluchzte: „Nein, ich gehe nicht mehr zum See. Nie, nie mehr. Ich liebe dich. Hilf mir!"
Von nun an war sie noch fleißiger als zuvor. Der Jäger beobachtete sie scharf. Er kam oft unvermutet nach Hause, aber immer fand er sie bei einer häuslichen Arbeit. Sie hielt ihr Versprechen, so schwer es ihr auch wurde. Die Seebauernkinder besuchten sie und fragten, warum sie denn nie mehr käme; alle hatten Sehnsucht nach ihr, Vater, Mutter, Knecht und Magd.
Aber sie hatte immer einen anderen Vorwand. Da sah der Jäger, wie ehrlich sie es meinte. Sein Argwohn schmolz in seiner heißen Liebe dahin, er konnte wieder lachen. Auch Akelei lachte wieder, aber es war nicht mehr das rieselnde Lachen, sondern es klang traurig. Der Jäger aber, der im Wald zwar jeden Schritt, jeden Flügelschlag erlauschte, hörte das nicht.
Ein Monat war fast vergangen. Eines Nachts hörte man wieder Schüsse im Wald. Der Jäger bekam den Auftrag, die Wilderer endlich zu stellen. So schwer es ihm wurde, er mußte des Nachts hinaus. So schnell er nur konnte, eilte er jedesmal nach Hause. Aber nichts war geschehen, er fand Akelei still an einer Arbeit oder friedlich im Bett schlummernd.
Die Wilderer waren gewitzte Burschen, aber der Jäger hatte ihre Spuren und Wege ausgekundschaftet. Er hatte auch Gehilfen bekommen. Heute nacht sollte die Jagd auf die Wilderer stattfinden, keiner durfte entkommen.
Der ganze Wald um den See herum wurde umstellt. Der Jäger küßte Akelei noch zum Abschied, sie klammerte sich an ihn und rief weinend: „Geh heute nicht fort, bleibe bei mir, bitte, bitte, bleibe bei mir!" Das Herz wurde ihm schwer.
„Ich kann nicht", sagte er. „Ich muß meine Pflicht erfüllen. Schließe

Türen und Fensterläden. Und nun – lebe wohl. Die Jäger warten draußen."
Er riß sich los – ihr Weinen schnitt ihm ins Herz.
Draußen standen seine Helfer, es brauchte nur mehr ein paar geflüsterte Worte, alles war ja schon genau verabredet. Jeder ging an seinen Platz. Der Jäger wählte seinen Posten am Weg zum See. Er stand im Schatten einer Tanne an den Stamm gelehnt, sein scharfes Ohr lauschte in die Nacht hinaus.
Akelei saß unterdessen allein im Jägerhaus. Sie schloß Türen und Fenster, daß kein noch so kleiner Streifen Mondlicht hereinkam, und versuchte einzuschlafen, aber sie hörte doch die Kuckucksuhr jede Viertelstunde.
Als die Uhr die Mitternacht verkündete, ging die Tür auf, der Bote trat herein, verbeugte sich tief und sprach: „Herrin, der Mond steht über

dem See, und die silbernen Fischlein springen. Komm und sieh dein Schloß, Nöck, Nixen und alles, was dein ist."

Bebend sagte sie: „Wie kann ich mit dir gehen? Ich habe es meinem Mann versprochen, den See zu meiden, für immer."

„Du täuschst dich, Herrin. Nur zur Hälfte fließt Menschenblut in deinen Adern. Zur anderen Hälfte bist du Nixe, Wasserfee. Du gehörst den Menschen einen ganzen Monat lang, Tage und Nächte. Eine einzige Nacht aber gehörst du uns, dem Wasservolk. Denn wir sehnen uns nach dem lieblichen Anblick unserer jungen Königin."

„Weh mir, so muß ich dir folgen", seufzte sie.

Sie glitten hinaus in den Wald.

Dort stand der Jäger und lauschte – lauschte regungslos, doch nichts war zu hören. Akelei aber, als sie der Tanne nahe kamen, blieb stehen und sagte zu dem Boten: „Was ist das für ein schwarzer Schatten dort? Mir ist, als müßte mir das Herz brechen, wenn wir daran vorbeigehen."

Doch der Bote antwortete: „Das ist nur der Schatten der großen Tanne. Komm, sei fröhlich, liebe Herrin."

Und sie gingen weiter. Der Jäger unter der Tanne schreckte plötzlich auf. Gehört hatte er nichts, aber was er sah, ließ ihm das Blut in den Adern erstarren.

An ihm vorbei schritt auf dem mondhellen Waldwege sein Weib, Hand in Hand mit einem fremden Mann. Vergessen waren die Wilderer, vergessen die Jägerpflicht. Die Büchse faßte er fester, und lautlos folgte er dem Paar.

Wieder blieb Akelei stehen.

„Es folgt uns jemand", sagte sie. „Laß mich umkehren, mir ist so weh, als müßte ich sterben."

„Wer soll uns folgen, liebe Herrin. Komm zum Silbersee, dort ist deine Heimat, dort wird dein Herz dir leicht in der Liebe deines Volkes."

Und sie gingen weiter.

Sie kamen wieder zum See, wieder löste der Bote den Kahn von der Kette. Alles, alles sah der Jäger. Mit glühendem Blick verfolgte er jede Bewegung des fremden schönen Mannes, sah, wie er Akelei die Hand bot, um ihr beim Einsteigen ins Boot zu helfen, er sah auch, wie er ihr einen Kranz aufs Haupt drückte – da konnte er sich nicht mehr halten. In wilder, kalter Raserei legte er die Büchse an die Wange. Der Schuß hallte gespenstig durch die Nacht, hallte wider und wider von den Bergen und Klüften. Ein Körper glitt klatschend ins Wasser, ein Wehschrei durchschnitt die Luft.

Akelei stand allein am Ufer, mit weitgeöffneten, entsetzten Augen sah sie ihren Mann auf sich zukommen.

„Weib! Weib! Jetzt habe ich es gesehen! Mit eigenen Augen habe ich es gesehen!"

„Ich habe nichts Unrechtes getan, glaube mir", schluchzte sie.

„Dir glauben! Dir!" schrie er. „Komm nur durch den Wald, damit niemand meine Schande sieht."

Er riß sie durch den Wald bis zum Jägerhaus. Dort stieß er sie in die Kammer und ließ sie allein.

Die anderen Jäger hatten den Schuß gehört, aber er erzählte ihnen, er hätte sich geirrt, das Mondlicht habe ihn genarrt. Gegen Morgen faßten sie die Wilderer, zwei bleiche Burschen. Aber der Jäger war bleicher als sie.

Akelei flehte ihn auf den Knien an, ihr doch Vertrauen zu schenken. Aber er konnte es nicht, er hatte sie ja selbst mit dem fremden Mann durch den Wald wandern sehen – Hand in Hand.

„Erkläre mir wenigstens etwas!" rief er. „Sag, wer es war."

Das durfte sie aber nicht, sie hätte ja sonst dem ganzen Wasservolk den Tod gebracht. Sie hatte Schweigen gelobt, das mußte sie halten.

„Ich weiß nichts, ich kann nichts sagen", weinte sie.

„Hätte ich dich doch nie geheiratet", rief er im höchsten Zorn. „Du bringst mich noch zur Raserei mit deinem ‚Ich weiß nicht' und ‚Wer weiß?'"

In dieser Nacht schlief er allein in einer kleinen Kammer neben der Küche. Um Mitternacht erwachte er vom Schlagen der Haustür. Er stand auf und ging hinaus. Da sah er Akelei vom Hause fortgehen. Sie war ganz allein, ihre zarte Gestalt schien von einer schweren Last gebeugt, daß ihn ihr Anblick unwillkürlich rührte. Aber ihre Ehrvergessenheit erweckte gleichzeitig seinen Zorn. Welch eine Frau, schon wieder des Nachts im Wald umherzustreichen!

„Weib!" rief er heiser. „Akelei!" Aber sie blieb nicht stehen. Sie hörte den, der ihr folgte, heute nicht.

Ihr Herz war ja gebrochen, ihr armes Nixenherz. Ihr Mann hatte sie der Untreue angeklagt, hatte das Vertrauen verloren. Eine Menschenfrau kann das vielleicht verwinden, eine Wasserfee nicht. Ihre Seele ist so zart, sie lebt eigentlich nur von der Liebe, die ihr Menschen geben. Ist die Liebe fort, so kann sie auf Erden nicht mehr leben.

Aber auch im Wasser ist kein Bleiben für sie, denn dazu ist sie wieder zuviel Mensch. Arme, arme Akelei!

Bald war sie am See. Er war heute ganz schwarz, der Mond war von schweren Wolken verhüllt; doch genügte das Licht für die scharfen Augen des Jägers, um zu sehen, wie Akeleis Gestalt auf das Wasser zuschritt.

Eine plötzliche Angst schnürte ihm das Herz zu. Er begann zu laufen. „Akelei!" rief er keuchend. „Akelei! Komm! Kehre um! Kehre um!" Sie aber hörte ihn nicht, und ehe er sie noch einholen konnte, hatte sie schon den letzten Schritt getan.

Fassungslos stand er am Ufer. Keine Spur war mehr von ihr zu sehen. Der See hatte sie verschlungen.

Akelei – wer war sie gewesen, das schöne Wesen mit den unergründlichen Augen?

Wer weiß? rieselten die Wellen.

Wer weiß? plätscherte und gluckste es am Ufer empor.

Wer weiß? flüsterte es im Schilf und in den Gräsern.

Eines wußte er nun: daß sie unschuldig war und seine warme Liebe gebraucht hätte. Da warf er sich ins Gras und weinte bitterlich.

Vielleicht geht er an seiner Reue zugrunde? Vielleicht aber wird er durch seinen Schmerz ein milder, weiser Mann und kann vielen helfen, die Kummer in der Seele tragen. Wäre das nicht eine Sühne für die unglückliche Akelei? –

Wer weiß? Wer weiß!